Colonel THOMAS

# LA GUERRE D'ORIENT

## DE 1854 A 1855

Pour vaincre, il faut être dévoué à sa Patrie, ne reculer devant aucunes difficultés, les aborder de sang-froid, toujours vaillamment, parfois avec témérité.

PARIS
LIBRAIRIE CH. DELAGRAVE
15, RUE SOUFFLOT, 15

# LA GUERRE D'ORIENT

## DU MÊME AUTEUR :

**La Question africaine** (1 vol.).

**Conférence sur la cavalerie au ministère de la guerre en 1869** (brochure).

**Coups de griffes** (1 vol.).

**Notes d'un prisonnier de guerre** (1 vol.).

**Metz, 1870** (1 vol.).

**Études sur les avant-postes de cavalerie** (1 vol.).

**Le Passage des cours d'eau à la nage** (brochure).

**Biographie du maréchal Bosquet** (brochure).

**Les Alliances** (brochure).

**Les Armements de l'avenir. — Où s'arrêtera-t-on?** (brochure).

**L'Armée de Metz** (1 vol.).

(Médaille d'honneur de la Société d'encouragement au bien, 1897.)

**Sur mer** (brochure).

**A travers une époque** (1 vol.).

(Médaille d'honneur de la Société d'encouragement au bien, 1899.)

**De l'Esprit militaire en France** (conférence et brochure en 1888).

**Au cours de la vie** (1 vol.).

(Médaille d'honneur de la Société d'encouragement au bien, 1899.)

SOUS PRESSE :

**Impressions et Souvenirs de 1844 à 1900.**

Colonel THOMAS

LA

# GUERRE D'ORIENT

## DE 1854 A 1855



Pour vaincre, il faut être dévoué à sa Patrie, ne reculer devant aucunes difficultés, les aborder de sang-froid, toujours vaillamment, parfois avec témérité.

PARIS
LIBRAIRIE CH. DELAGRAVE
15, RUE SOUFFLOT, 15

RESPECTUEUX HOMMAGE

*à la mémoire vénérée des maréchaux*

*DE SAINT-ARNAUD,*
*CANROBERT, PÉLISSIER, BOSQUET,*
*MAC-MAHON,*

*en souvenir de la*

GUERRE D'ORIENT
1854-1855

**Colonel THOMAS.**

# AVANT-PROPOS

La guerre d'Orient (1854-55) rappelle un des plus mémorables faits d'armes de notre histoire militaire. La France, l'Angleterre, la Turquie, le Piémont, la Russie, y prirent part.

Vainqueurs ou vaincus firent des prodiges, et il ne resta au cœur des belligérants que de glorieux, d'ineffaçables souvenirs.

J'ai eu l'honneur de faire partie de l'état-major particulier du général Bosquet comme officier d'ordonnance. J'avais pour cet illustre chef un dévouement absolu, et j'ai pu assister à cette lutte héroïque en me rendant compte de ses différentes phases. Aujourd'hui, quarante-cinq ans après des événements qui ont vivement impressionné le monde entier, j'écris ce livre pour rendre un éclatant hommage à des soldats qui ont pris une part si active à des opérations gigantesques dont la gravité s'augmentait chaque jour au milieu de difficultés croissantes.

Quoique ma tâche soit délicate, je l'ai entreprise avec confiance, encouragé par des hommes éminents, en m'appuyant sur des documents authentiques, sur des renseignements précis, sur des faits et des souvenirs toujours vivaces.

J'ai hésité longtemps avant de livrer ce travail à la publicité; il faut avoir mûrement réfléchi pour reproduire une page aussi émouvante de notre histoire contemporaine.

Et ce n'est qu'arrivé vers la fin de ma carrière, amputé et mutilé à la suite de blessures de guerre, resté presque seul survivant des médaillés de Crimée, que je me suis mis résolûment à l'œuvre pour donner à la génération nouvelle la haute idée des hommes de cette époque dans les deux armées adverses.

La guerre rapproche, au lieu de désunir, les peuples qui combattent pour leur indépendance ou pour protéger des alliés.

Les jeunes seront épris de cette grande époque par les récits de faits qui sembleraient surnaturels si je ne pouvais les attester.

Aux anciens ils rappelleront leur vaillance.

* * *

En 1900, au moment où une lutte surprenante est engagée entre les Anglais et les Boërs, on trouve de l'intérêt à comparer ces deux imposants faits d'armes exécutés dans des conditions et à des époques bien différentes, mais dont on peut tirer d'utiles enseignements.

Les Boërs, comme nos volontaires de 93, comme les soldats de l'armée d'Orient, font preuve de grandes qualités militaires : façonnés aux fatigues, sobres, persévérants, vivant au grand air, cultivateurs et chasseurs intrépides, tireurs supérieurement habiles, ils ont pris le bon côté de notre civilisation. Généreux et courtois, animés du feu sacré qui donne la discipline, le sentiment de la dignité nationale, ces laboureurs, soldats improvisés, par des qualités de race et un indomptable courage ont déjà remporté des succès inespérés.

Je salue aussi très cordialement ces vaillants officiers français qui, bravant tous les périls, étendent nos relations et notre influence avec tant de dévouement dans le riche continent noir qui devient le rendez-vous de toutes les grandes nations.

L'armée d'Orient, formée en partie avec des régiments d'Afrique, était dans ces conditions de valeur et de solidité quand la guerre fut déclarée. — Mais à ceux qui ne veulent plus d'armée ou cherchent à la désorganiser, je répondrai que si on aborde l'ennemi avec des troupes amollies par un bien-être exagéré, rebelles à tout esprit de sacrifice, démoralisées par de perfides tendances, n'ayant plus d'enthousiasme pour la lutte, sans croyance, sans idéal, il ne reste plus en perspective que la honte et une humiliante défaite.

Dans ces conditions, les levées en masse ne donneraient que des hordes sans cohésion, indisciplinées et lâches.

J'ai dédié ces pages à la mémoire des illustres chefs qui, après avoir dirigé successivement cette grande épopée, ou contribué puissamment à la victoire, ont reçu comme récompense nationale des bâtons de maréchaux de France.

Les noms de Saint-Arnaud, de Canrobert, de Pélissier, de Bosquet, de Mac-Mahon, passeront à la postérité. C'est à eux que revient l'honneur du succès de cette guerre aussi honorable pour les armées alliées que pour nos intrépides adversaires.

La France et la Russie, alors divisées momentanément, malgré les sympathies qui les unissaient déjà, sont maintenant rapprochées par une alliance sincère.

*
* *

La guerre d'Orient peut se diviser en quatre périodes :

1° Les causes de la guerre d'Orient; débarquement et opérations en Turquie;

2° Expédition de Crimée décidée; débarquement à Oldfort; bataille de l'Alma; marche sur Sébastopol;

3° Établissement des armées alliées devant Sébastopol; bataille de Balaklava; bataille d'Inkermann;

4° Continuation des travaux du siège contrariés par les rigueurs de l'hiver; mamelon Vert, Traktir, Malakoff; prise de Sébastopol; expédition de Kertch et de Kinbourn; traité de paix.

*
* *

Ce n'est qu'en connaissant tous ces faits qu'on peut se rendre compte des difficultés inouïes qu'il a fallu surmonter pour triompher des obstacles formidables que les Russes amoncelaient sans cesse avec une persévérante ténacité.

Mais avant, il est nécessaire de rappeler la *question d'Orient*. Cette question si ardente depuis des siècles devint encore le prétexte de la guerre de 1854.

# PREMIÈRE PÉRIODE

## LES CAUSES DE LA GUERRE D'ORIENT
## DÉBARQUEMENT ET OPÉRATIONS EN TURQUIE

# CHAPITRE PREMIER

SOMMAIRE

*La question d'Orient.* — Ses différentes phases. — Négociations rompues. — La guerre imminente.

La question d'Orient remonte aux premières années du moyen âge; de nos jours, elle date du règne de Louis-Philippe, et comprend deux phases bien distinctes.

Dans la première, de 1832 à 1840, l'Angleterre se rapproche de la Russie pour combattre le vice-roi d'Égypte Méhémet-Ali et l'influence française.

Dans la seconde, en 1854, elle s'unit à la France contre la Russie.

En 1832, les sympathies de la France pour le vice-roi Méhémet-Ali, vassal de la Turquie et en rivalité avec le sultan Mahmoud, amenèrent les premières complications, et, tandis que Méhémet-Ali enlevait la Syrie au sultan Mahmoud, ce dernier faisait appel au tsar, qui envoya sa flotte dans le Bosphore (février 1833).

L'Autriche ne voulant pas laisser aux Russes les bouches du Danube, et l'Angleterre intéressée à maintenir l'intégrité de l'empire ottoman, s'entendirent pour arrêter les progrès du vice-roi d'Égypte.

La France, malgré son amitié pour Méhémet-Ali,

intervint cependant avec les autres puissances, et on obtint du sultan qu'il abandonnât au vice-roi le pachalick de Syrie avec le district d'Adana. La Russie demandait en outre d'avoir pour elle seule l'ouverture du Bosphore, tandis qu'il restait fermé aux autres puissances (4 mai 1833).

*
* *

En 1839 les hostilités recommencèrent : le sultan fut défait par Méhémet, qui allait marcher sur Constantinople quand la France proposa son appui et sa médiation.

Mais le commandant de la flotte ottomane, ne voulant pas reconnaître le nouveau sultan Abdul-Mejid, la conduisit à Alexandrie à la disposition de Méhémet-Ali.

L'Angleterre, alarmée des progrès rapides de la puissance égyptienne, se sépara de la France, qui refusa d'employer la force pour contraindre le vice-roi à restituer la flotte.

Un traité fut signé à Londres, entre l'Angleterre, la Russie, l'Autriche et la Prusse.

La France en fut exclue ; on adressa un ultimatum à Méhémet-Ali au nom de ces quatre puissances, et une flotte anglaise, après avoir bombardé Beyrouth et Saint-Jean-d'Acre, se présenta devant Alexandrie.

Le roi Louis-Philippe ne voulant pas s'engager pour une cause qui n'était pas la sienne, Méhémet se soumit et ne conserva comme vassal de la Turquie que l'Égypte à titre héréditaire.

Ainsi se termina la première phase de la question d'Orient. La France et les autres puissances signèrent alors la convention des Détroits, qui interdisait l'entrée des Dardanelles aux vaisseaux de guerre de toutes les nations (13 juillet 1841).

*
* *

La seconde phase de la question d'Orient prend naissance en 1850 à propos des négociations au sujet des lieux saints, se continue en 1855 par la guerre de Crimée et se termine à la prise de Sébastopol.

Depuis des siècles, les catholiques romains et les Grecs se disputaient la possession et le privilège des sanctuaires de la Palestine.

Par un traité conclu entre la France et la Porte en 1740, les Latins avaient acquis des titres sérieux; néanmoins les Grecs avaient empiété sur les droits de ces derniers, et en 1850, de concessions en concessions, les Latins furent exclus de neuf sanctuaires sur lesquels ils avaient des droits reconnus.

La France, qui avait garanti les prérogatives de l'Église latine, essaya de terminer le différend; la Russie s'y opposa, l'Angleterre resta neutre et engagea la France à traiter directement avec la Russie.

Mais bientôt la question politique remplaça la question religieuse. La Russie avait envahi les principautés danubiennes, et, souveraine absolue dans la mer Noire, elle menaçait la Méditerranée par ses flottes de Sébastopol.

La Turquie faisait des concessions puériles, et la Russie maintenait ses prétentions.

Une entrevue eut lieu entre les empereurs de Russie et d'Autriche, sans résultat.

On marchait à grands pas vers la guerre; l'empereur Napoléon III, voulant encore au dernier moment user de modération, écrivit à l'empereur de Russie une lettre autographe dans laquelle il essayait de ramener le tsar à des sentiments de paix : il lui fit répondre par des arguments inadmissibles.

*
* *

La France, pendant tous ces préliminaires, fut modérée, et, n'étant pas compromise directement, pouvait se retirer; mais l'Angleterre, comme elle le fit plus tard au Mexique, nous engagea dans le débat en nous mettant dans l'impossibilité de reculer devant les prétentions de la Russie.

Avec nos ports de la Méditerranée et des côtes d'Afrique, nous n'avions pas à craindre l'influence russe dans le Bosphore; tandis que l'Angleterre pouvait se voir fermer la route directe des Indes.

*
* *

La guerre de 1854 eut pour la France l'heureux résultat de lui rendre en Europe l'influence morale que ses dissensions intestines lui avaient un instant fait perdre; mais une guerre entre la Russie et la France aurait dû pouvoir être évitée.

Et je disais dans une étude publiée en 1855 sur la guerre d'Orient :

« Rien ne nous oblige plus maintenant à prendre parti avec l'Angleterre pour la Turquie contre la Russie; ce serait compromettre dans l'avenir une alliance qui pourrait un jour nous être très utile. »

Cette alliance fut conclue en 1897 par le tsar Nicolas II et le président de la république Félix Faure.

## CHAPITRE II

SOMMAIRE

*Préparatifs de guerre.* — Arrivée et établissement en Orient. — Marche vers les Balkans et vers le Danube pour rencontrer les Russes. — Ils repassent le Danube après avoir abandonné Silistrie.

Ce ne sont pas seulement quelques milliers d'hommes qui partent pour l'Orient, mais une armée constituée :

La France envoyait quatre divisions d'infanterie, une division de cavalerie, avec leur artillerie, commandées par le maréchal de Saint-Arnaud, ayant sous ses ordres les généraux de division Canrobert, Bosquet, prince Napoléon et Forey.

L'Angleterre fournissait trois divisions, une brigade de cavalerie, avec leur artillerie, ayant pour général en chef lord Raglan.

Cette armée fut réorganisée sous les murs de Sébastopol et forma deux corps d'armée. Un petit corps piémontais sous les ordres du général de La Marmora vint s'y joindre en Crimée.

*
* *

Déjà les escadres combinées font des reconnaissances, le canon tonne devant Odessa, détruit son port militaire, et nos troupes débarquent à Gallipoli.

Partout on comprend qu'il faut se hâter pour prendre les devants.

Le général Canrobert débarque à Constantinople; il est reçu très amicalement par le sultan et ses ministres.

Le maréchal de Saint-Arnaud arrive à Marseille, passe en revue les troupes qui s'embarquent à Toulon, leur adresse une chaleureuse proclamation et se dispose lui-même à partir.

Ce chef illustre, qui résume en lui audace, énergie, amour inné pour les entreprises téméraires, est partout acclamé.

Le maréchal s'embarque le 27 avril sur le *Berthollet* et arrive le 7 mai à Gallipoli; il prend les dispositions urgentes pour l'installation des troupes et prépare la marche en avant.

Quelques jours après il est à Varna; il assiste à une conférence avec les généraux en chef et le général turc Omer-Pacha, qui a pour mission d'arrêter les Russes sur la rive droite du Danube.

De cette conférence il résulte qu'il faut se relier aux Turcs pour obliger les Russes à repasser le Danube, et s'établir entre Varna et Choumla.

Le maréchal passe en revue l'armée turque, son appréciation est favorable; il écrit au ministre de la guerre : « Nous aurons ici 45,000 Turcs qui se battront bien, encadrés par les troupes françaises et anglaises. »

Le 29 mai, le maréchal est de retour à Varna

pour s'entendre avec l'amiral Hamelin qui vient de faire une croisière dans la mer Noire; il le questionne beaucoup sur la Crimée, comptant y débarquer prochainement, puis il retourne à Constantinople vers le sultan pour lui exposer nettement la situation, et il est convenu que la Turquie mettra toutes ses ressources à la disposition des armées alliées; puis il repart pour Gallipoli afin de hâter l'embarquement.

*
* *

Le maréchal déploie une activité de forces et d'esprit surhumaine, quoique ayant déjà le germe de la maladie qui devait l'emporter après la victoire de l'Alma; mais il n'entrevoit pas les retards qu'occasionne le transport d'une armée sur des bâtiments à voile. — Cependant, avant de donner suite à son projet, il se décide à faire appuyer les Turcs, fort exposés à Choumla; les Russes continuent à investir et à attaquer Silistrie, qui peut leur donner un point d'appui sur la rive droite du Danube, et il est convenu que la division Canrobert, renforcée d'une brigade anglaise, doit se rendre par mer de Gallipoli à Varna.

La 2e division, sous les ordres du général Bosquet, s'échelonne vers les Balkans.

La 3e division, prince Napoléon, se met en marche pour se rendre par terre à Constantinople, où ses troupes doivent immédiatement s'embarquer.

*
* *

Pendant que le maréchal cherche à relier tous ces tronçons, Omer-Pacha, dans son camp retranché de Choumla, se sent enveloppé par les Russes, qui deviennent de plus en plus menaçants; il craint de n'avoir pas le temps de sauver Silistrie avant l'arrivée des armées alliées, et voudrait opérer une diversion pour arriver sous les murs de la place et la ravitailler.

Mais l'énergie de l'attaque redouble; on se bat au pied des remparts, et Omer-Pacha fait savoir au général Canrobert qu'en présence des forces considérables concentrées devant Silistrie il ne croit plus possible de ravitailler la place ou de ralentir les travaux du siège.

Silistrie touche à sa dernière heure quand tout à coup le feu cesse : l'ennemi effectue un mouvement rétrograde qu'il semble avoir voulu masquer la veille par un redoublement de feu.

Les Russes abandonnent le siège de Silistrie et repassent le Danube en détruisant leur camp retranché.

Et tandis que l'armée française est pleine d'espérance et de confiance en elle-même, le général en chef, en arrivant à Varna, apprend cette fatale nouvelle, qui va encore augmenter toutes les hésitations.

Le maréchal est atterré : il voit l'occasion de combattre lui échapper quand il est presque certain du succès.

Ce premier engagement avec les Russes dans des conditions aussi favorables ne peut plus se représenter de longtemps, et la victoire qui semblait assurée devait avoir un effet inappréciable.

*
* *

Le maréchal avait deux lignes d'opération sérieuses : celle de Varna par mer, celle d'Andrinople par terre. Il faut maintenant de nouvelles combinaisons qu'il discute avec les généraux, puis il dirige sur les traces de l'ennemi des agents intelligents, pendant que des reconnaissances de cavalerie poussent jusqu'au Danube.

La division Canrobert est au grand complet près de Varna; celle du général Bosquet débouche des Balkans. — Le prince Napoléon débarque à Varna, mais tout cela se passe à trente lieues de Silistrie, et les Russes en retraite ne peuvent être atteints.

*
* *

La lutte générale s'engageait cependant sous de favorables auspices : tandis que les armées alliées opéraient leur concentration pour s'établir à Varna en s'appuyant sur les Balkans, le corps expéditionnaire de la Baltique, commandé par le général

Baraguay d'Hilliers, attaquait et détruisait la forteresse de Bomarsund.

En Orient comme dans le Nord, les plus cordiales relations existaient entre les chefs et les soldats des armées alliées, malgré le contraste frappant que présentait le caractère des deux nations : l'Anglais, froid, compassé, brave par devoir; le Français, enthousiaste, exalté, confiant dans l'avenir, rêvant des entreprises aventureuses; — mais tous n'avaient qu'un seul but, qu'un seul désir : rencontrer l'ennemi qu'ils savaient être brave, pour se mesurer avec lui.

# CHAPITRE III

SOMMAIRE

*Opérations combinées des armées en Turquie.* — Projets du maréchal. — Difficultés qui surviennent, formation des bachi-bouzoucks.

Varna devenait, par les nouvelles combinaisons arrêtées entre les généraux alliés, la principale base de nos opérations militaires.

Le maréchal continuait avec activité à concentrer ses troupes, et à la date du 28 juin il écrivait au ministre de la guerre : « Dans douze jours je serai prêt à me porter en avant. La 4e division a dû s'embarquer hier sur la flotte de l'amiral Bruat. Quand tout sera constitué, je marcherai avec les divisions et leurs accessoires, formant un tout d'environ 50,000 hommes.

« L'armée anglaise n'attend plus que quelques bataillons à Gallipoli et ses escadrons de cavalerie encore en mer; notre ensemble présentera 70,000 hommes de bonnes troupes. »

Les chasseurs d'Afrique n'étaient pas arrivés et ne purent rejoindre qu'en Crimée.

En outre, depuis l'entrée en campagne le maréchal avait l'intention de créer la cavalerie irrégulière turque et d'enrégimenter, pour essayer d'en tirer parti, des bandes de bachi-bouzoucks qui dévastaient les campagnes, pillaient et incendiaient les villages.

Le général Yusuff, appelé d'Afrique, fut chargé d'organiser huit régiments de ces irréguliers à la solde de la France.

Le général, désigné pour cette mission par ses brillants services de guerre, ne se dissimulait pas les difficultés qu'il rencontrerait; mais le maréchal, plein de confiance et même d'illusions à ce sujet, pressait le général Yusuff de se hâter.

« Mes spahis d'Orient s'organisent, écrivait-il au ministre de la guerre; ces hommes sont solides et sans vivres devenaient la terreur du pays. Ils sont très dociles entre nos mains, et Yusuff en fera des Cosaques aussi redoutables que les vrais Cosaques de l'armée russe. »

Malgré les obstacles de toute nature que le général Yusuff avait rencontrés, il déployait tant d'activité et de persévérance qu'il était parvenu en peu de temps à mettre en ligne six régiments comprenant environ trois mille chevaux.

*
* *

Après avoir abandonné Silistrie, l'armée russe, sous les ordres du vieux maréchal Paskéwitch, s'était concentrée à Calarosch, sur la rive gauche du Danube; on l'évaluait de 80,000 à 100,000 hommes, et on n'avait rien de certain sur la marche des colonnes autrichiennes.

Le maréchal, alors, décida qu'en face des hésitations de l'Autriche, il y avait de grands inconvénients à lancer les armées alliées à l'aventure; il se présentait des difficultés matérielles, à travers des contrées ravagées; en quittant la mer nous abandonnions nos vaisseaux et une base naturelle d'opération en Turquie, et, le Danube passé, on ne pouvait pas prévoir où s'arrêterait la nécessité de ce grand mouvement offensif.

Le général Bosquet était arrivé à Varna, précédant sa division de trois jours; Omer-Pacha venait de s'y rendre pour conférer sur les dispositions à prendre dans la situation actuelle.

Il fut arrêté que les armées ne feraient aucun mouvement décisif avant que l'on se rendît compte réellement de l'ensemble de la situation, particulièrement dans l'attitude de l'Autriche et des mouvements de son armée en Valachie.

Sur ces entrefaites, par ordre de l'empereur d'Autriche, un aide de camp du général de Fless, commandant en chef l'armée autrichienne, fut envoyé pour se mettre en rapport avec les généraux en chef des armées alliées.

Cette mission avait pour but d'établir nettement les projets de l'Autriche, qui voulait conserver la neutralité, cependant avec l'intention d'entrer dans la Petite Valachie pour s'y installer sur les positions qu'avaient occupées les Russes, et qu'ils essayaient de reprendre.

# CHAPITRE IV

SOMMAIRE

*Invasion du choléra.* — Pertes considérables. — Précautions prises pour enrayer le fléau.

Tous ces obstacles et ces difficultés ne sont pas les seuls contre lesquels il faut lutter. Le choléra vient de se déclarer à Gallipoli, fait des ravages considérables et menace Varna.

Ce fatal fléau va décimer ces belles troupes si pleines de confiance dans leurs chefs et si bien entraînées. Malte, le Pirée, Gallipoli, sont atteints.

A Gallipoli, les hôpitaux se remplissent, les tombes se creusent. Les vivants d'aujourd'hui peuvent être les morts du lendemain.

Autour des camps, dans les bivacs, les mesures les plus rigoureuses de salubrité sont prises, mais les transports des troupes qui arrivent du midi de la France apportent des cholériques. Il n'y a pas de situation plus cruelle pour un général en chef que d'être contraint à l'inaction par une aussi terrible catastrophe.

*
* *

Au milieu de toutes ces difficultés, on recherchait surtout la possibilité d'opérer un débarquement sur les côtes de Crimée, et le maréchal, tout en préparant sans relâche ses moyens d'exécution, attendait avec impatience que la résolution en fût définitivement arrêtée entre les deux gouvernements pour tenter ce hardi fait d'armes.

Cependant le choléra faisait toujours sa funeste moisson au Pirée et à Gallipoli. Les généraux Ney d'Elchingen et Carabuccia avaient succombé, et le 9 juillet le choléra se déclara dans les hôpitaux de Varna, où il devait exercer encore de plus terribles ravages.

*
* *

Le maréchal parcourt les camps, visite les hôpitaux, prescrit les mesures de salubrité les plus propices; mais le fléau gagne chaque jour en intensité, et il faut se hâter.

Lord Raglan venait d'adresser au général en chef de l'armée française une dépêche tellement explicite qu'on pouvait la considérer comme un consentement à la marche sur Sébastopol.

Il fut décidé que les généraux et les amiraux se réuniraient dans un grand conseil, et de cette conférence solennelle où s'étaient rencontrés tous les chefs des armées alliées, il sortit la décision inébranlablement arrêtée de l'expédition de Crimée.

Une commission composée des officiers des deux armées fut désignée pour reconnaître certains points de la topographie des lieux sur lesquels il y avait encore des doutes.

Cette commission, après des investigations minutieuses, déclara que la Katcha était le point qu'elle déterminait d'un avis unanime comme offrant le plus de sécurité et les chances les plus favorables pour débarquer.

# CHAPITRE V

SOMMAIRE

*Expédition de la Dobrustcha.*

Pendant qu'on préparait l'expédition de Crimée, des reconnaissances anglaises et françaises exploraient la Dobrustcha, et en fouillant le pays on apprit qu'il y restait encore environ 10,000 Russes et soixante pièces de canon.

Le maréchal résolut alors d'utiliser les spahis d'Orient et de pousser une pointe vigoureuse en faisant appuyer les mouvements de cette cavalerie par les trois divisions échelonnées et prêtes à se porter en avant au premier signal. Outre le but militaire qu'avait cette démonstration qui devait inquiéter l'ennemi, le maréchal, par une diversion, enlevait ses troupes à l'influence pestilentielle qui les décimait, remontait leur moral en les arrachant à une funeste inaction, et les préparait par des marches à un entraînement nécessaire aux événements ultérieurs.

*
* *

Le 15 juillet, le maréchal fit appeler le général Yusuff, qui venait de terminer l'organisation des spahis d'Orient et pouvait disposer de 3,000 chevaux.

Il lui confia son projet de débarquer en Crimée, lui fit comprendre qu'avant de tenter cette opération il fallait qu'il marchât avec sa cavalerie contre les Russes, afin de les inquiéter sur la rive droite du Danube à quarante-cinq lieues de Varna.

Le maréchal faisait appuyer Yusuff par la 2e division et les zouaves de Bourbaki.

Le général Yusuff devait être rentré le 4 août, afin de prendre part à l'expédition de Crimée le 5 août.

Pour appuyer Yusuff, le maréchal donnait aux généraux Bosquet et Espinasse les instructions les plus précises, qu'il renouvelait fréquemment avec instance pour bien affirmer ses intentions.

Espinasse remplaçait momentanément au commandement de la 1re division le général Canrobert en reconnaissance sur les côtes de Crimée.

---

## CHAPITRE VI

SOMMAIRE

*Le choléra fait de nouveaux ravages.* — Préparatifs de départ pour la Crimée. — Incendie de Varna.

Tout avait été prévu et parfaitement préparé par le maréchal et ses éminents collaborateurs Canrobert et Bosquet, mais le choléra allait encore arrêter des troupes si impatientes de combattre, et la marche de notre armée, qui devait jalonner par des tombes les traces de son rapide passage.

La colonne du général Espinasse, s'étant avancée jusqu'à Kargolick, fut atteinte comme celle du général Yusuff. L'ennemi n'avait pas paru, mais des monceaux de cadavres jonchaient le sol de tout côté, les fosses se creusaient, les terres remuées répandaient des émanations pestilentielles, et la contagion s'étendait au loin.

Les travailleurs sont forcés de s'arrêter avant d'avoir fini leur œuvre lugubre, et celui qui tient la pioche tombe silencieusement sur le bord de la fosse entr'ouverte, pour ne plus se relever. — C'est un tableau lugubre, que l'imagination peut à peine se représenter.

Ceux qui vivent encore sont chargés sur des chevaux ou portés à bras par des soldats aussi affaiblis qu'eux ; des caissons d'artillerie sont encombrés de malades, les chevaux de main des généraux et des officiers sont employés à transporter ceux que le mal empêche de marcher.

Le 31, le général Canrobert, revenant de sa tournée d'exploration sur les côtes de Crimée, rejoint sa première division et la retrouve décimée et affaiblie par la maladie.

Avec ce noble cœur et cette énergie qui l'ont fait tant admirer de l'armée de Crimée, ce grand soldat, cet intrépide et vaillant chef, s'efforce de remonter le moral de cette division si belle et si ardente avant l'invasion de ce terrible fléau; elle voit arriver son général comme un sauveur et reprend confiance.

La division Bosquet, qui suit de près, est aussi éprouvée. Bosquet, comme Canrobert, fait des prodiges pour arrêter cet implacable ennemi, contre lequel les forces humaines sont incapables de lutter.

Cette fatale expédition, qui fit en si peu de jours tant de victimes, souleva, comme tous les grands désastres, de lâches et perfides accusations contre des chefs qui, n'ayant rien à se reprocher, donnaient sans cesse l'exemple de toutes les grandes et généreuses vertus. Il faut s'être trouvé dans de pareilles situations pour déplorer l'impuissance de l'homme à conjurer un aussi implacable fléau.

*
* *

Pendant que le choléra sévit si cruellement sur nos troupes dans la plaine de la Dobrustcha, il continue ses ravages à Varna.

Les navires venus de Kustendja et de Mongolea débarquent les cholériques de la division Canrobert, qui traversent les rues de Varna et vont encombrer les ambulances déjà insuffisantes.

Les 2e et 3e divisions apportent aussi leur douloureux tribut. La flotte elle-même, déjà atteinte, voit les cadres de ses navires encombrés de malades ou de mourants; cependant, au milieu de tant de cruelles épreuves, on lutte soutenu par l'espérance que donne la confiance en des chefs vénérés ; — la perspective de combattre bientôt soutient les cœurs et ranime tous les courages.

Je tiens aussi à rendre hommage aux médecins militaires et aux sœurs de charité, qui pendant toutes les cruelles épreuves ont montré un zèle et un dévouement toujours à hauteur de l'intensité du fléau.

*
* *

C'est devant cet émouvant spectacle, sous la pernicieuse influence de cette contagion qui s'étend et accable sans merci, que se font les préparatifs de l'expédition de Crimée.

L'artillerie s'exerce à embarquer et à débarquer son matériel sur des chalands de nouveau modèle construits à Constantinople.

Les projets du général en chef ne sont plus un secret pour personne. Les mots Crimée, Sébastopol, courent dans toutes les bouches, exaltent tous les cœurs.

Devant tant de zèle, de courage et d'abnégation, le fléau semble plus consterné que ses victimes.

Des renforts de médecins et d'infirmiers arrivent de toute part, des sœurs de charité appelées de Constantinople bravent la mort avec un dévouement angélique, et l'épidémie tombe enfin dans sa période décroissante.

Mais le Ciel, pour éprouver la mâle vigueur de cette armée qui va hardiment combattre, ne veut lui épargner aucune calamité.

*
* *

Le 10 août, à sept heures du soir, le feu se déclare dans la principale rue commerciale de Varna, et l'incendie, alimenté par des matières inflammables, prend en un instant des proportions colossales.

Des camps environnants on aperçoit une clarté soudaine envahir l'horizon et envelopper la ville comme d'un manteau de feu.

Des bataillons accourent aussitôt au secours de la ville incendiée, pendant que dans l'intérieur les troupes résistent pied à pied avec une énergie sans égale au vent de flamme qui s'avance toujours vers les poudrières.

Généraux et soldats sont mêlés dans cette terrible lutte, — le plus effroyable désastre est imminent. Les poudrières sont cernées par le réseau de flammes, et huit millions de cartouches, des munitions pour toute la guerre, sont là.

Cependant les troupes arrivent des camps extérieurs. Le général Bosquet les dirige avec sa mâle expérience. Le maréchal est sur les lieux, entouré des généraux Martimprey, Bizot et Thiry.

Ces intrépides chefs, dont beaucoup devaient trouver plus tard une mort glorieuse, encouragent du geste et de la voix les travailleurs qui abattent les murs à coups de hache ou de pioche, et, avec une énergie, un dévouement indicibles, semblent prendre l'incendie à bras le corps pour lutter avec lui.

La pensée ne peut se rendre compte des résultats que pouvait entraîner cette effroyable catastrophe; c'était la ruine et l'anéantissement de tous les projets, des plus chères espérances.

Toute la tête, toutes les ressources de l'armée, eussent été englouties dans cet abîme de feu, et nous perdions d'un seul coup les hommes valeureux qui avaient appris à commander par tant d'années de combats et de rudes épreuves.

A la lueur des flammes qui s'élançaient menaçantes, apparaissaient leurs calmes et impassibles visages; ils dirigeaient les travaux, arrêtaient le désordre et empêchaient la terreur.

Il y eut un moment de bien cruelle angoisse

quand les travailleurs qui sapaient à la hache une dernière maison touchant aux magasins à poudre furent rejoints par le feu. S'ils fuyaient, tout était perdu; mais les officiers, eux aussi, avaient la hache à la main et frappaient en désespérés.

Enfin un grand bruit se fait entendre; les travailleurs s'éloignent à la hâte, la maison balance un instant sur elle-même, puis s'écroule. On s'est enfin rendu maître du feu après dix heures de lutte incessante; il était cinq heures du matin : les magasins sont dégagés, mais le septième de Varna n'existe plus.

Le lendemain, dans la partie brûlée de la ville l'incendie durait encore.

Pendant cinq jours les débris fumèrent, et les flammes que l'on croyait étouffées reparaissaient par instants au milieu des décombres amoncelés.

L'armée anglaise, pendant cette fatale nuit, lutta aussi avec ses chefs, côte à côte près de nos soldats. Et ce fut de part et d'autre le même courage, le même dévouement, la même abnégation.

*
* *

Les pertes matérielles des Anglais furent encore plus sensibles que les nôtres : deux de leurs grands magasins furent complètement détruits; de notre côté nous perdions quelques dépôts d'effets de régiment et plusieurs magasins sans trop grande importance.

Ce séjour à Varna est demeuré une page inconnue au milieu des événements considérables qui se produisirent ensuite; il fut cependant bien remarquable par les épisodes de ce drame réel, et ce fut à la suite de tous ces incidents que l'expédition de Crimée fut décidée, malgré les obstacles, les difficultés, le manque de ressources, l'épidémie, les menaces d'une saison avancée et les appréhensions de tout genre.

# CHAPITRE VII

SOMMAIRE

*Expédition de Crimée.* — Hésitations, à la suite des pertes subies. Persévérante influence du maréchal.

Le choléra diminuait sensiblement à Varna, mais il redoublait d'intensité dans la flotte; quelques vaisseaux perdaient déjà le dixième de leurs équipages; l'effectif de l'armée avait considérablement baissé sans avoir combattu, et la seule cavalerie dont on aurait pu disposer était les bachi-bouzoucks, spahis d'Orient, qui venaient d'être licenciés en raison de leurs excès de toute sorte.

Le doute gagnant les esprits, les indécisions se produisaient; on commençait à douter de la possibilité d'entrer en campagne dans de telles conditions, et surtout d'entreprendre l'expédition de Crimée, qui se présentait avec tant d'incertitude.

Le maréchal de Saint-Arnaud, seul inébranlable dans sa résolution, voulut assumer sur lui toute la responsabilité des événements ultérieurs, et avec une inflexible volonté il repoussait tous les timides avis d'une trop tardive prudence.

Les Anglais, dans le principe, subissaient l'opinion générale, et leur gouvernement avait accepté plutôt que demandé l'expédition de Crimée, car ils étaient effrayés des difficultés nouvelles créées par les derniers événements.

* * *

Le découragement commençait à se produire dans les masses. Le maréchal s'en apercevait. Il écrivit au ministre de la guerre pour lui rendre compte de cet état d'esprit de l'armée, et, tout en reconnaissant les difficultés inouïes qu'il aurait à surmonter, il persistait dans sa détermination. Quelques jours après, en présidant un conseil de guerre, il domina la situation par de chaudes et concluantes paroles :

« Il ne s'agit plus de songer aux obstacles, dit-il, mais on doit les vaincre ; c'est une grande responsabilité, il faut savoir se mettre au-dessus d'elle.

« Plus de doutes, plus d'indécisions ; le temps nous presse, notre résolution aujourd'hui doit être inébranlable. »

Il parla avec confiance, avec cet entraînement qui lui était propre, et le conseil fut fasciné par cette éloquente conviction qui exposait avec une égale franchise les avantages et les inconvénients de cette périlleuse expédition.

En somme, il valait mieux que cette armée si cruellement éprouvée succombât foudroyée par le canon qu'anéantie par le choléra. — Car dans l'inaction de chaque jour, aux prises avec la mort, ces mâles courages, ces énergiques combattants, qui avaient survécu à d'aussi terribles épreuves, pouvaient être envahis par le fatal découragement qui atteint les âmes les plus fortes quand tout espoir paraît perdu.

Cette expédition audacieuse, qui devait donner tant d'éclat à nos armes, s'est faite sans tenir compte des conseils de la prudence, parce que l'armée se perdait à Varna et qu'il fallait à tout prix marcher en avant et croire à l'étoile de la France !

On est allé en Crimée, on a lutté, on a vaincu : l'Alma, Balaklava, Inkermann, Traktir, Malakoff et Sébastopol ont donné raison.

# DEUXIÈME PÉRIODE

---

## EXPÉDITION DE CRIMÉE DÉCIDÉE
## DÉBARQUEMENT A OLDFORT, BATAILLE DE L'ALMA
## MARCHE SUR SÉBASTOPOL

# CHAPITRE PREMIER

SOMMAIRE

*L'expédition de Crimée est décidée.* — Le maréchal de Saint-Arnaud surmonte toutes les difficultés. — Il impose sa conviction et sa volonté. — Embarquement des troupes.

Le 25 août, le maréchal de Saint-Arnaud annonça à l'armée l'expédition de Crimée par un ordre du jour plein de chaleur et de confiance.

« L'heure est venue de combattre et de vaincre, dit-il. Généraux, chefs de corps, officiers de tout grade, vous ferez passer dans l'âme de vos soldats la confiance dont la mienne est remplie, et bientôt les trois drapeaux alliés flotteront ensemble sur les remparts de Sébastopol ! »

*
* *

Le 28, l'amiral Hamelin fait paraître l'ordre concernant l'embarquement et le débarquement des troupes.

La marine a déjà rendu d'éminents services ; elle va acquérir encore de nouveaux titres à la reconnaissance publique.

L'empereur vient d'adresser à l'armée d'Orient

une proclamation reçue avec enthousiasme; les hésitations ne sont plus possibles.

Dans les camps les hommes sont ravis de sortir de cette inaction; les généraux inspectent leurs divisions et prononcent devant leurs troupes assemblées des paroles ardentes qui achèvent de les électriser.

Le 31 août, l'embarquement commence, mais le vent qui souffle avec violence oblige à le suspendre jusqu'au jour.

Dans la journée du 1er septembre, les 1re, 2e et 3e divisions déjà embarquées sont réunies dans la rade de Batchik; la flotte turque vient s'y rallier.

Le 2, le maréchal s'embarque sur le *Berthollet*, qui doit le conduire à bord du vaisseau amiral *la Ville-de-Paris*.

L'escadre anglaise, retenue par le mauvais temps dans la rade de Varna, ne peut rejoindre la flotte française que le 8 septembre.

Le même jour, le maréchal lord Raglan et les généraux des armées alliées se réunissaient pour arrêter le point de débarquement.

Après quelques objections on finit par se rendre à l'idée du maréchal, et il est convenu qu'on débarquera à Oldfort.

*
* *

La santé du maréchal de Saint-Arnaud s'affaiblissait chaque jour de plus en plus; il se soutenait avec une force morale surprenante, mais le mal finissait par le dominer; des crises aiguës se succédaient sans relâche et ne laissaient plus à l'illustre malade que quelques rares moments de repos, pendant lesquels il reprenait aussitôt les affaires de son commandement.

*
* *

Chaque instant rapproche du moment solennel et décisif où toute l'armée quittera ses navires pour combattre en Crimée.

Le maréchal compte avec anxiété les jours, les nuits, les heures; et les crises domptées par tant de volonté semblent lui laisser un moment de calme; mais, ne pouvant se dissimuler le mal qu'il supporte avec tant de résignation, il se préoccupe de connaître son successeur. Le général Canrobert s'en aperçoit, lui annonce qu'il a une lettre de commandement de l'empereur, si quelque sinistre événement empêchait le maréchal de poursuivre sa grande œuvre.

*
* *

Enfin la presqu'île de Crimée nous apparaît; une haute chaîne de montagnes se montre à l'horizon, et tous les regards se tournent vers cette terre où l'armée va encore être soumise aux plus dures épreuves.

En s'approchant des côtes, on découvre au loin

une vaste plaine sur laquelle on n'aperçoit aucun mouvement de troupes.

Le débarquement pourra donc s'opérer sans difficulté, mais il faudra chercher des positions avantageuses pour s'y maintenir jusqu'à ce que tout le débarquement soit achevé.

Un coup de vent survenu dans la nuit jette un peu de désordre dans les flottes alliées, — et la baie d'Eupatoria est donnée comme point de ralliement.

*
* *

Le 14 septembre, l'amiral Hamelin signale l'ordre de mouillage aux flottes alliées réunies : elles sont mouillées sur trois lignes en face d'Oldfort.

La première, composée des vaisseaux de combat, transporte la 1re division.

En deuxième ligne, la 2e division.

La 3e division à la troisième ligne.

La 4e division, sur des bâtiments anglais, va opérer son débarquement vers la Katcha, afin de préoccuper l'ennemi et de l'inquiéter sur plusieurs points à la fois.

Tout a été si bien conçu, si bien exécuté, que les deux cent cinquante navires dont se compose la flotte combinée ont pu sans confusion, sans avarie, sans accident, exécuter un débarquement que leur agglomération rendait très difficile.

A sept heures et demie du matin, le vaisseau amiral laisse tomber l'ancre au point indiqué devant la plage d'Oldfort; le reste de l'escadre s'arrête avec une précision mathématique à l'endroit qu'elle doit occuper. C'est un spectacle grandiose, qui exalte toutes les âmes!

Aussitôt chaloupes et canots sont mis à la mer, accostent les vaisseaux; on n'attend plus que le signal du débarquement donné par l'amiral, qui est avec le maréchal sur le vaisseau *la Ville-de-Paris.*

*
* *

On ne néglige aucune précaution. Les chaloupes des quatre vaisseaux à trois ponts sont armées en guerre et approvisionnées de fusées à la Congrève, puis dirigées vers la terre.

Deux de ces chaloupes prennent place à l'angle nord de la plage, les deux autres à l'angle sud, tandis qu'au même moment une frégate et deux avisos à vapeur suivent la même direction, avec ordre de s'embosser aussi près de la plage que le permet leur tirant, de manière à balayer la falaise du sud par où l'ennemi peut apparaître.

Leurs feux se croisent avec ceux des chaloupes et prennent d'écharpe l'artillerie ennemie qui s'opposerait au débarquement.

## CHAPITRE II

SOMMAIRE

*Débarquement en Crimée.* — Soins minutieux qui ont présidé à son exécution. — Sages mesures de précautions. — Installation des troupes.

A 8 heures et demie du matin, le 14 septembre, le général Canrobert plantait le pavillon français sur la terre de Crimée.

Quarante-deux ans auparavant, le 14 juillet 1812, la Grande Armée, commandée par l'empereur Napoléon Ier, entrait à Moscou.

A 9 heures, toutes les troupes arrivent en masse : la 1re division tout entière a touché la plage, la 1re brigade se dirige par la droite sur les hauteurs et les occupe militairement.

La 2e brigade vient s'établir à la gauche de la première, se reliant avec la 2e division, général Bosquet.

Celle-ci, conduite par son vaillant chef, prend position sur l'emplacement assigné pour son bivac.

La 3e division, prince Napoléon, a touché terre et va se ranger à sa place.

La 4e division n'aborde que plus tard.

A 10 heures, les troupes anglaises sont aussi installées.

A midi, le débarquement est complètement terminé. On entend la canonnade des bâtiments chargés de faire diversion, et on les voit s'approcher de la côte.

*
* *

A 2 heures, le maréchal de Saint-Arnaud, accompagné de son état-major, quitte le vaisseau amiral et descend sur la plage. — Depuis six jours il est mourant, et n'a pas quitté son lit. — Surmontant ses souffrances il monte à cheval, surexcité par le désir de mener à bonne fin une expédition si habilement préparée, et passe devant les lignes que forment les troupes.

A la vue du maréchal commandant en chef, des acclamations et des hourras enthousiastes éclatent de toute part, — le visage de notre grand chef rayonne; il paraît revivre.

« Notre situation est bonne, écrit-il le même jour au ministre de la guerre, et l'avenir se présente avec des garanties de succès qui semblent très solides. »

Le soir, on lut aux troupes un ordre du maréchal remarquable d'inspiration et de mâle énergie.

« Soldats, leur dit-il, vous recherchez l'ennemi depuis cinq mois : il est enfin devant vous, et nous allons lui montrer nos aigles.

« Préparez-vous à subir les fatigues et les privations d'une campagne qui sera difficile, mais qui relèvera devant l'Europe la réputation de l'armée d'Orient au niveau des plus hautes gloires militaires de l'histoire.

« Vous ne voudrez pas que les soldats des armées alliées, vos compagnons d'armes, vous dépassent en vigueur et en solidité devant l'ennemi, en constance devant les épreuves qui vous attendent.

« Vous vous rappellerez que nous ne faisons pas la guerre aux paisibles habitants de la Crimée, dont les dispositions nous sont favorables, et qui, rassurés par notre discipline, par le respect que nous montrerons pour leur religion, leurs mœurs et leurs personnes, ne tarderont pas à venir à nous.

« Soldats, à ce moment où vous plantez vos drapeaux sur la terre de Crimée, vous êtes l'espoir de la France. Dans quelques jours vous en serez l'orgueil. »

*
* *

L'expédition de Crimée est commencée, les trois drapeaux des nations alliées vont enfin se déployer devant l'armée russe.

La 4e division rejoignit la flotte à la nuit close, mais ne débarqua que le 15 au matin ; la mer était devenue furieuse dans la soirée du 14.

Cette division a pris pied et se dirige vers son campement, établi sur deux lignes dans une direction oblique au rivage, la droite en avant du quartier général du maréchal commandant en chef.

Les trois autres divisions de l'armée française forment une courbe allongée vers l'est. La 1re division au sud appuie sa droite à la mer; l'armée anglaise est à notre gauche, s'épaulant au rivage avec son aile gauche.

Dans quelquesjours, les armées alliées, aux prises avec un adversaire digne d'elles, ajouteront à leur grand livre d'or de magnifiques pages : la première inscrite à l'Alma, la dernière avec la victoire à Malakoff!

---

# CHAPITRE III

SOMMAIRE

*Bataille de l'Alma.* — Dispositions et combinaisons du maréchal. Les perspectives de la lutte. — Victoire assurée.

Après avoir surmonté tous les obstacles, les armées alliées vont combattre en Crimée, désormais leur grand champ de bataille.

Le 15 septembre 1854, les marines française et anglaise jettent sur la plage d'Oldfort environ 60,000 hommes.

Le maréchal de Saint-Arnaud, persuadé que le succès de cette audacieuse entreprise dépendra surtout de sa rapide exécution, veut quitter son camp le 17, afin d'empêcher la concentration de l'ennemi sur un même point.

Il a l'intention de coucher près du Bulganack pour forcer le passage de l'Alma le 18 dès le matin, et d'être en mesure de repousser l'ennemi jusqu'à la Katcha; mais les Anglais ne sont pas prêts, et le 19 seulement l'ordre de départ est donné.

La 1re division, tête de colonne de l'armée française, se met en marche par bataillons en colonne de peloton, l'artillerie au centre.

La 2e division appuie le flanc droit; chacune de

ses deux brigades s'avance en colonne sur un front de deux pelotons.

La 3e division protège le flanc gauche avec ses deux brigades.

La 4e division et les Turcs sont à l'arrière-garde.

L'armée française forme un immense losange, à l'angle saillant duquel se trouve la 1re division, aux angles latéraux les 2e et 3e, en arrière la 4e, précédée du contingent turc. Les bagages sont réunis au centre. La marine appuie à droite cet ordre de marche.

L'armée anglaise couvre à gauche.

*
* *

La 1re division bivouaque au centre; elle a la 2e division à sa droite, la 3e à sa gauche, la 4e en réserve en arrière de la 3e.

Derrière la 2e division, la division turque; entre elle et la 4e, le grand quartier général.

Le campement de l'armée s'étend ainsi sur une série de plis de terrain parallèlement au cours de l'Alma.

L'armée anglaise bivaque à notre gauche.

L'armée russe, commandée par le prince Menschikoff, occupe des positions de la rive opposée. On aperçoit distinctement ses lignes.

* * *

La bataille va se livrer le lendemain. Le général Bosquet à l'aile droite reçoit l'ordre de tourner et de déborder l'aile gauche de l'armée russe en gravissant des pentes abruptes, presque inaccessibles, pendant que les bâtiments de l'escadre couvriront la marche. — Les Anglais doivent déborder la droite de l'ennemi.

La 1re et la 3e division aborderont les Russes au centre. La 4e division reste en réserve.

Les heures de départ sont fixées de la manière suivante entre les commandants des armées alliées :

L'aile droite de la ligne de bataille rompra à 5 heures et demie du matin, l'aile gauche à 6 heures, le centre à 7 heures.

Le maréchal veut inquiéter l'adversaire à son aile gauche pendant que les Anglais harcèleront son aile droite afin de pouvoir le couper plus facilement au centre.

Mais les Anglais ne partent qu'à 10 heures et demie : une deuxième fois ils font échouer toutes les combinaisons.

Enfin, à 11 heures les divisions Bosquet, Canrobert, prince Napoléon, puis les trois divisions anglaises : sir Lucy-Evans, George Brown et duc de Cambridge, sont rangées de droite à gauche et ferment la ligne de bataille.

Le général Forey commande la réserve de l'armée française, le général Cathcart celle de l'armée anglaise.

La 1re et la 3e division, commandées, l'une par le général Canrobert, l'autre par le prince Napoléon, doivent se mettre en mouvement dès que la 2e division, général Bosquet, atteindra les hauteurs et sera réellement engagée.

L'armée russe déploie ses colonnes, dont on n'avait aperçu que les têtes; ses lignes s'échelonnent sur le versant du plateau; leurs mouvements se font avec précision.

*
* *

Le moment est solennel. Les généraux de division vont prendre les derniers ordres du maréchal, qui leur dit simplement :

« Chacun de vous attaquera droit devant lui et suivra pour manœuvrer ses propres inspirations. »

Puis il ajoute, en leur montrant les crêtes escarpées de la rive gauche de l'Alma :

« Nous devons arriver sur les hauteurs. Je n'ai pas d'autres indications à donner à des hommes dans lesquels j'ai toute confiance. »

Telles sont les instructions bien précises que peut donner un général en chef quand il a tout vu, tout prévu, tout organisé.

Les stratégistes en chambre imagineraient peut-être des combinaisons qui paraîtraient plus savantes. Mais le maréchal, sûr de lui et de ses divisionnaires, leur dit simplement : « Vous marcherez en avant, vous combattrez en soldats. » Et tous le comprirent.

*
* *

Quelques instants après, on entendit le canon du général Bosquet qui donnait le signal; cet impétueux chef s'est mis en mouvement à 5 heures et demie du matin, et, quoique ralenti par ordre du maréchal pour attendre les Anglais, il a traversé l'Alma, a gravi avec son artillerie les hauteurs de la rive gauche presque inaccessibles, et menace le flanc gauche des Russes.

Le prince Menschikoff, surpris de tant d'audace, croit à une fausse démonstration; il ne peut pas admettre que l'armée française ait déjà franchi les escarpements à pic. Cependant il envoie en toute hâte trois batteries de huit bouches à feu chacune, pour combattre l'artillerie française et la refouler.

Deux autres batteries à cheval sont venues se joindre aux trois premières : quarante pièces contre douze, c'est un combat inégal et acharné, un duel à mort.

Le général Bosquet s'est placé au milieu de ses canonniers, au plus fort du danger; il voit ces deux nouvelles batteries qui se dirigent sur sa gauche, et reconnaît que leur calibre est inférieur. Si elles viennent prendre position en avant des premières pour utiliser leur tir à courte distance, nos batteries sont écrasées ; heureusement les artilleurs russes s'arrêtent sur la même ligne.

A la voix de l'intrépide général, aux exhortations de leur brave commandant, les canonniers redoublent d'ardeur ; nos batteries font des pertes considérables, hommes et chevaux tombent grièvement atteints, vingt-deux roues sont brisées, mais pas une pièce n'est mise hors de service, et toutes peuvent continuer leur feu.

*
* *

Depuis près d'une heure le combat d'artillerie dure avec acharnement, sans que l'infanterie ait pu prendre part à l'action ; mais ce n'est qu'une des phases de la lutte, qui va s'engager sur toute la ligne.

Chacune des divisions se déploie et marche en bon ordre vers les points qui avoisinent le cours de l'Alma.

La 1re division prend la direction d'Alma-Tamak ; les chasseurs à pied traversent la rivière, gravissant avec un admirable élan les pentes escarpées et les contreforts qui les séparent de l'ennemi.

La 3e division s'approche rapidement sur deux lignes ; les tirailleurs couvrent la première ligne et s'avancent au pas de course vers le village de Bourliouk, incendié par les vedettes russes.

Le terrain est disputé pied à pied, de tout côté le combat est furieux.

L'armée russe, débordée sur la gauche, cherchant vainement à écraser la division Bosquet avec ses quarante pièces, fait au centre des efforts désespérés, mais la division Canrobert attaque avec rage les défenses sérieuses qui permettent à l'artillerie russe d'espérer un succès, et parvient à gravir les hauteurs du Télégraphe, point culminant sur la rive gauche.

Son entraînant général la rallie et se dispose à repousser les masses d'infanterie qui s'approchent avec leur artillerie; mais l'artillerie de la 1re division, n'ayant pas trouvé de passage pour traverser l'Alma, fait un grand détour. Le général Canrobert demande une des batteries de la division Bosquet, qui a déjà soutenu une première lutte; elle accourt assez à temps, tire à bonne portée et arrête l'ennemi.

Pendant que la division Canrobert arrive sur les hauteurs, la 3e division les gravit de son côté avec une impétueuse bravoure; elle traverse les ravins, livre des combats corps à corps et escalade les berges de l'Alma sous un feu meurtrier.

Le maréchal, placé sur un mamelon, suit du regard ces vaillantes troupes dispersées sur tous les points et embrasse l'ensemble : « Ah! les braves soldats! » s'écrie-t-il souvent.

Le bruit du canon, les émotions de la lutte, ont ranimé les forces du maréchal. Ce n'est plus cet homme mourant, épuisé par les souffrances : son regard et sa pensée sont partout.

Il a entendu la foudroyante canonnade du général Bosquet, et il aperçoit la 3e division gravir les dernières pentes pendant que les bataillons de la 1re couronnent les crêtes et montent à travers une pluie de mitraille; mais il voit aussi s'avancer contre eux des masses formidables.

Le maréchal pressent que c'est sur ce point que se fera le suprême, le dernier effort des Russes, et y dirige en toute hâte ses réserves.

En effet, c'est là qu'est la bataille, c'est là que luttent l'attaque et la défense.

*
* *

De tout côté nous couronnons les plateaux, mais les forces des Russes sont massées derrière le Télégraphe, qui est le point culminant; leurs tirailleurs, abrités dans une tour en construction, et leurs batteries bien pointées, déciment nos troupes.

Le 1er zouaves, les 1er et 9e bataillons des chasseurs à pied de la 1re division; à leur gauche, le 2e zouaves de la 3e division, exposés à un feu meurtrier, se dissimulent derrière les ondulations du plateau et entretiennent avec les Russes une vive fusillade, lorsque les deux batteries de la réserve, conduites par le commandant de Laboussinière, viennent apporter leur appoint.

Les pièces sont bientôt placées sur les derniers escarpements par les zouaves, qui, avec les chasseurs à pied des deux divisions, joignent au tir de l'artillerie un redoublement de feux.

Mais l'ennemi nous cause des pertes sensibles; le colonel Cler sait qu'il peut compter sur ses zouaves, et lance son cheval en avant dans la direction de la tour, en s'écriant : « A moi, mes zouaves, à la tour! »

Le 1er zouaves, entraîné par Bourbaki, les chasseurs à pied et le 39e de ligne de la réserve, conduits par le colonel Beuret et le général d'Aurelles, se précipitent comme une avalanche.

C'est un torrent que rien n'arrête. Le colonel Cler est le premier à la tour. Tous l'ont suivi, ardents, impétueux, irrésistibles.

La lutte fut courte, mais terrible; chacun combat corps à corps avec son adversaire, les regards se dévorent, les mains s'étreignent, les armes se heurtent et étincellent, morts et mourants s'entassent, et les pieds des combattants les foulent et les étouffent dans cette inimaginable mêlée.

Les Russes ont reçu ce terrible choc sur le fer de leurs baïonnettes; eux aussi combattent avec furie. Cependant, bientôt ils s'ébranlent, se désunissent et cèdent du terrain.

Le colonel Cler a saisi l'aigle de son régiment, qu'il plante sur la tour.

Le sergent-major Fleury est frappé au front en s'élançant avec le drapeau du 1er zouaves, qu'un éclat d'obus brise à la hampe.

Le lieutenant Poitevin, du 39e, vient à son tour, au milieu d'une pluie de projectiles, planter sur la tour du télégraphe l'aigle de son régiment : un boulet le frappe en pleine poitrine. Il semble que ces hommes qui se sacrifient ainsi aient signé un pacte avec la mort.

*
* *

Le général Canrobert, avec sa division, appuie ce hardi mouvement. Il fait mettre en batterie la réserve d'artillerie, que dirige avec une énergie et une habileté sans égales le brave Laboussinière.

*
* *

Le général d'Aurelles est près du général Canrobert, reçoit ses ordres, quand tout à coup un éclat d'obus frappe Canrobert en pleine poitrine et le renverse sans connaissance.

« Le général Canrobert est tué, » s'écrie-t-on de toute part, la douleur au cœur. On le transporte derrière le Télégraphe, il reprend ses sens, remonte à cheval et, le bras en écharpe, reparaît à la tête de tous ces braves, qui l'accueillent avec des hourras de joie et d'enthousiasme.

L'armée française est maintenant tout entière sur le plateau.

La 1re et la 3e division se reforment en bataille et, soutenues par leur artillerie, se portent franchement en avant pour presser la retraite de l'armée russe s'opérant en bon ordre; — mais elle ralentit sa gauche menacée par le général Bosquet qui marche obliquement vers la droite, tandis qu'une de ses brigades, couverte par un des échelons de la division turque, observe et contient la cavalerie russe.

*
* *

Le maréchal, arrivé sur le plateau, aperçoit le mouvement de retraite de l'armée russe, lorsque le général de Martimprey lui annonce que les Anglais sont arrêtés dans leur marche en avant par le feu formidable de l'artillerie ennemie.

« Allons aux Anglais, » s'écrie le maréchal; et, poussant aussitôt son cheval au galop dans leur direction, il donne l'ordre au prince Napoléon de faire un changement de front sur sa gauche, envoie prévenir les divisions Canrobert et Bosquet d'appuyer vers la gauche en continuant à menacer l'aile gauche des Russes que Bosquet avait commencé à déborder.

Les Anglais redoublent à la fois d'efforts, d'élan et de solidité. La brigade des gardes à pied refoule l'ennemi en arrière des hauteurs, celle des highlanders s'avance dans un ordre parfait, sous les feux meurtriers de la mousqueterie et de l'artillerie russe : elle semble manœuvrer sur un terrain d'exercice.

Arrivés à cent pas, les highlanders foudroient l'ennemi par une décharge à bout portant et s'élancent à la baïonnette; tués et blessés couvrent le sol.

Enfin la division légère, après avoir surmonté bravement tous les obstacles, apparaît en entier sur les crêtes et menace d'envelopper l'ennemi.

Le maréchal envoie un de ses aides de camp pour arrêter le mouvement en avant de nos divisions; leur concours devient inutile.

*
* *

La bataille est gagnée, les positions des hauteurs de l'Alma appartiennent toutes aux alliés, et l'armée russe, tournée à l'aile gauche par la division Bosquet, débordée à l'aile droite, ne pouvant plus se maintenir en aucun point, opère complètement son mouvement de retraite sur toute la ligne en se dirigeant vers la Katcha.

# CHAPITRE IV

SOMMAIRE

*Considérations sur la bataille de l'Alma.* — Pouvait-on marcher sur Sébastopol après la victoire et y entrer derrière les Russes?

La bataille de l'Alma aurait été un succès plus complet si le maréchal avait eu de la cavalerie pour harceler l'ennemi et précipiter sa retraite; aussi combien a-t-il regretté ses chasseurs d'Afrique, qui n'étaient pas encore arrivés en Crimée!

On a considéré la bataille de l'Alma comme une lutte de soldats; en effet, les généraux, les colonels, les officiers de tout grade, combattaient à la tête de leurs troupes, les entraînaient et se faisaient tuer avec elles; mais le maréchal, après avoir organisé avec un tact et un art parfaits tous les préparatifs, après avoir prévu les éventualités, étudié toutes les combinaisons, n'avait plus qu'à dire à ses généraux, en leur montrant les hauteurs de la rive gauche de l'Alma : « Il faut aller là, j'ai confiance en vous. » Et ils y allèrent en surmontant tous les obstacles, en déployant une énergie surhumaine.

Les meilleures combinaisons faites à l'avance échouent souvent devant les surprises du combat : le débarquement en Crimée fut préparé dans les conditions les plus périlleuses, nos troupes étaient remplies d'enthousiasme; cependant elles venaient d'être éprouvées par le choléra, on n'avait aucune donnée sur l'ennemi; il fallait choisir presque au hasard le point de débarquement, et, une fois débarqué, on pouvait à chaque pas rencontrer l'ennemi ayant de son côté tous les avantages en nous attendant sur le Belganack, l'Alma ou la Katcha.

Le prince Menschikoff se retira prudemment sur les hauteurs de la rive gauche de l'Alma, qu'il considérait comme inaccessibles. Dans moins de quatre heures les armées alliées s'en emparaient.

*
* *

On peut bien aussi, il me semble, considérer comme de la stratégie tous les préparatifs, tous les mouvements combinés très habilement par le maréchal pour transporter et débarquer son armée en Crimée, où il pouvait s'attendre à combattre aussitôt débarqué. Il y avait bien aussi de la stratégie dans ses combinaisons pour la bataille de l'Alma, modifiées sur le terrain même à cause de la lenteur des Anglais.

Le maréchal voulait attaquer l'ennemi par les deux ailes de manière à pouvoir le percer plus facilement au centre.

Le général Bosquet, par sa hardie manœuvre, conduite avec tant de précision et d'à-propos, vint à bout des difficultés qu'il eut à surmonter, et les Russes purent être inquiétés pendant toute la bataille sur leur flanc gauche.

Si le même mouvement avait eu lieu du côté des Anglais, le général russe, craignant d'être débordé, aurait dégarni son centre pour soutenir les ailes, et rendu moins périlleuses les attaques de front des divisions Canrobert et prince Napoléon.

L'Alma est une grande bataille, et, quoiqu'elle n'ait pas amené la prise immédiate de Sébastopol, comme on s'y attendait, elle eut le résultat considérable de donner à nos troupes une confiance infinie, de nous établir solidement en Crimée, de nous permettre d'avancer sans crainte, et enfin de nous mettre à même d'entreprendre le siège de Sébastopol dans des conditions plus avantageuses.

La bataille de l'Alma restera toujours une des belles et glorieuses pages de notre histoire militaire et une des phases éclatantes de la vie du maréchal de Saint-Arnaud.

Malgré les souffrances physiques qui le minaient, il put lutter contre la maladie, contre les difficultés de tout genre, contre les timides avis de ceux qui considéraient cette expédition comme un acte téméraire entraînant la perte de l'armée.

*
* *

Après la bataille de l'Alma, il aurait fallu pouvoir pousser vigoureusement l'ennemi, en profitant de la désorganisation que cette victoire inattendue lui avait occasionnée. Si on avait marché sur les derrières de l'armée russe sans perdre un instant, nous aurions peut-être obtenu des résultats plus complets; mais le maréchal n'avait pas de cavalerie, et l'absence complète de cette arme a prouvé qu'elle est indispensable et que sans elle on est obligé, même en s'en privant pendant la bataille, de ne pas compléter son succès si elle ne vient pas apporter son redoutable appoint au moment décisif.

Il faut admettre que, le débarquement en Crimée se faisant dans des conditions tout à fait exceptionnelles, il était difficile d'embarquer la cavalerie de l'armée d'Orient, qui pouvait rendre des services en Turquie. On augmentait encore les difficultés du débarquement en nécessitant un surcroît de navires pour emmener les chevaux avec les approvisionnements considérables nécessaires à leur entretien.

La bataille de l'Alma a été gagnée par l'infanterie et l'artillerie avec l'audacieuse intrépidité de ses chefs, mais sans le concours de la cavalerie; c'est pourquoi la victoire est restée indécise.

* * *

Le moral des troupes était excellent, cependant leur état physique laissait à désirer et demandait des ménagements après les ravages de l'épidémie, les fatigues de la traversée et une journée de bataille.

En outre, les deux armées alliées, marchant de concert, devaient régler en commun leurs mouvements, et elles étaient de caractères bien différents.

Telles étaient les difficultés réelles, tels étaient

les obstacles matériels dont il fallait tenir compte et qui existeront toujours quand des troupes n'obéiront pas à un commandement unique.

L'armée anglaise avait certainement donné à l'Alma une preuve incontestable de bravoure, mais elle manquait complètement de mobilité.

* * *

Les pertes de l'armée française à la bataille de l'Alma furent moins considérables que celles des Russes.

Nous eûmes 6 officiers tués, 59 blessés et 2,637 sous-officiers et hommes de troupe tués ou blessés. Les Anglais perdirent 500 à 600 hommes et 15 officiers hors de combat.

Les Russes eurent 45 officiers supérieurs et subalternes tués ou blessés et 4,078 sous-officiers et hommes de troupe mis hors de combat, en outre 405 atteint de contusions.

Ces chiffres prouvent combien la défense a dû être vigoureuse pour résister à l'impétuosité des armées alliées, qui n'ont dû leur avantage qu'à la rapidité avec laquelle l'attaque a été dirigée et exécutée.

## CHAPITRE V

SOMMAIRE

*Marche sur Sébastopol.* — Le maréchal conduit l'armée jusqu'à Balaklava. — Remise de commandement. — Ses derniers moments. — Sa mort.

Le maréchal, après avoir laissé à ses troupes un repos indispensable et le temps nécessaire pour enterrer les morts, se décide à marcher dès le 22 au matin vers la Katcha, espérant y atteindre l'ennemi désorganisé et le combattre de nouveau; mais les Anglais semblent ne pas comprendre l'importance d'une journée et même d'une heure de retard, et nous arrêtent une troisième fois.

Cependant les reconnaissances poussées jusqu'à la Katcha n'ont signalé aucune disposition défensive sur cette rivière, et le 23, à 7 heures du matin, l'armée se remet en marche, emportant avec elle sept jours de vivres.

La 4e division marche en première ligne à la gauche de la 3e et à la droite de l'armée anglaise. La 1re et la 2e sont en seconde ligne.

Le pays que l'on parcourt, d'abord montueux, puis légèrement ondulé, descend en pente douce vers la Katcha. La marche est facile dans ces longues plaines unies, et le succès de la veille augmente encore l'entrain des troupes.

Une partie de l'armée traverse la Katcha à un gué reconnu; l'autre partie, l'artillerie et les ambulances, sur un pont qui se trouve au centre de la position et que les Russes oublient de détruire.

Les plateaux situés entre les vallées de la Katcha et du Belbeck présentent un aspect des plus pittoresques; de tout côté on aperçoit des jardins, les arbres sont chargés de fruits.

On bivaque sur des hauteurs boisées qui touchent à la mer et dominent la vallée. Les flottes accompagnent l'armée en côtoyant le littoral entre l'Alma et la Katcha, et jettent l'ancre en vue du point où les troupes s'établissent.

*
* *

La santé du maréchal se soutient, comme il le dit lui-même, entre les crises et le devoir; il lutte avec une constante opiniâtreté, et parfois la maladie s'éloigne, étonnée de tant de courage et de résignation.

Les déserteurs russes donnent des détails contradictoires sur l'armée ennemie; cependant il paraît certain qu'elle est entrée en désordre dans Sébastopol, en ne s'arrêtant ni à la Katcha ni au Belbeck, dont les ponts sont détruits.

Dans la soirée du 23, l'amiral informe le maréchal de la détermination extrême prise par l'ennemi de couler à l'entrée du port cinq vaisseaux et deux frégates; — on apprend que les Russes font des travaux qui commandent l'entrée de la Tchernaia pour y empêcher le débarquement des troupes.

Les deux généraux en chef des armées alliées se concertent, et il est décidé qu'en présence de la nouvelle situation faite par l'armée russe, on abandonnera le plan d'attaque au nord pour tourner Sébastopol à l'est, afin de s'emparer de Balaklava et, avec ce point d'appui, d'attaquer la ville au sud.

Mais, pour obtenir ce résultat, l'armée doit faire une marche de flanc qui n'est pas sans danger. Cependant la précipitation avec laquelle l'armée ennemie a gagné Sébastopol et l'abandon volontaire des ponts qu'elle pouvait défendre avec avantage augmentent pour nous les chances favorables.

Du reste, l'attaque au nord nous donnait une base d'opération incertaine qui devait à chaque instant être inquiétée par une armée extérieure, tandis qu'au sud, retranchés solidement dans la presqu'île de Kersonèse, qui est comme le réduit de la Crimée, on peut se ravitailler, recevoir des renforts par mer, et les flottes, dont l'armée ne se séparera plus, trouveront un abri contre les tempêtes de la mer Noire, soit à Balaklava, soit dans les baies de Kamiech, de Kosuth ou de Streleska.

Les armées alliées prennent ainsi une position défensive qui, tout en leur permettant de faire le siège de la ville, les protège aussi contre une armée de secours de l'ennemi.

Celui-ci, il est vrai, reste maître de la campagne et de ses communications; mais l'armée établie au nord ne devait pas les lui fermer davantage et se trouvait dans une situation beaucoup plus défavorable.

Sébastopol aurait pu être enlevée de vive force ; elle n'était pas alors enveloppée de défenses et fortifiée comme elle le fut depuis. Cependant l'entreprise était audacieuse, devenait téméraire et dangereuse, si les Russes, reprenant une vigoureuse offensive, étaient venus nous attaquer pour nous isoler complètement de la mer. Nous tombions alors à leur merci dans l'intérieur, privés de toutes nos ressources. L'armée alliée marchait ainsi à sa perte.

On ne peut qu'approuver le plan d'attaque du maréchal, qui était à la fois vigoureux et prudemment raisonné. — L'attaque par Balaklava offrait certainement plus de chances de succès, tout en étant compatible avec la situation de l'armée.

Il suffisait de deux ou trois jours seulement pour atteindre Balaklava, et les hommes avaient encore avec eux six jours de vivres.

C'était un changement de base d'opération audacieux, mais pas téméraire avec l'élan des troupes et la confiance qu'ils avaient dans leurs chefs après le succès de l'Alma.

*
* *

Le 24, les troupes se mettent en mouvement ; à 9 heures du matin, il faut traverser la vallée profonde du Belbeck pour gagner les hauteurs au delà de cette rivière.

L'armée alliée, sur deux colonnes, marche en échelons. La 4e division et l'armée anglaise forment la colonne de gauche et prennent une direction oblique vers la gauche. La 1re et la 3e division composent la colonne de droite, la 2e division et les Turcs l'arrière-garde.

Le terrain plat, découvert et sans obstacle rend la marche facile. L'ennemi ne paraît sur aucun point.

Dans le milieu de la journée, le général en chef ordonne une halte d'une heure environ. Quelques cas de choléra se sont encore déclarés dans les ambulances : il faut redouter ce terrible fléau.

A une heure et demie, l'armée reprend sa marche en échelons dans chaque colonne pour atteindre les crêtes des collines qui bordent la rive droite du Belbeck, dont les pentes sont très rapides.

Bientôt on arrive dans cette fertile vallée; une partie de l'armée suit le chemin qui conduit à Sébastopol en passant par Inkermann, et franchit le Belbeck sur un pont en pierre qui a été réparé; le reste de l'armée le traverse également, moitié à sec, moitié sur un pont de bois, en appuyant sur la droite, et vient ensuite rejoindre la route.

La 4e division, dès qu'elle a dépassé la crête, établit son bivac au milieu des bois. Les autres divisions campent sur les hauteurs mêmes.

L'armée venait de commencer à tourner les positions des Russes et était passée à six kilomètres au-dessus des points où ils avaient établi de fortes batteries.

Ce mouvement tournant des armées alliées se continue à travers des bois épais, au milieu desquels il est difficile de conserver une direction exacte.

*
* *

Après une marche pénible qui a duré presque un jour et une nuit, on descend dans la plaine de la Tchernaia par une pente longue et assez rapide.

Les troupes s'arrêtent un instant sur la rive droite pour reconnaître les gués et laisser au génie le temps de construire des ponts.

Enfin, ce dernier cours d'eau franchi, le camp tout entier est établi sur la rive gauche au-dessus de la route de Sébastopol. Les divisions sont échelonnées sur les coteaux et dans la plaine.

On est en vue de Balaklava, qui essaye une résistance inutile avant de se rendre aux Anglais, et le mouvement tournant est terminé.

*
* *

Le maréchal, épuisé par les fatigues de la route, préoccupé sans cesse de son commandement, ne peut lutter plus longtemps contre le mal qui le mine.

Une dernière attaque de choléra vient enlever tout espoir de le sauver; et, en présence d'une situation qui s'aggrave chaque jour, il est forcé de remettre le commandement de l'armée au général Canrobert.

Son ordre du jour, daté de la Tchernaia, annonçait cette suprême détermination.

C'étaient des adieux simples, des regrets nobles et mâles, de l'héroïsme sublime.

« Votre général en chef, dit-il à ses soldats, vaincu par une cruelle maladie contre laquelle il a lutté vainement, envisage la situation avec une profonde douleur; mais il saura remplir l'impérieux devoir que les circonstances lui imposent, celui de résilier le commandement dont une santé à jamais détruite ne lui permet plus de supporter le poids.

« Soldats, vous me plaindrez. Le malheur qui me frappe est immense, irréparable et peut-être sans exemple. »

*
* *

Cet ordre du jour fut accueilli avec une vive émotion. Tous ceux qui suivaient le maréchal depuis le commencement de l'expédition avaient été témoins de cette lutte constante contre les souffrances physiques qui laissaient à peine au malade un instant de répit. Et, en admirant ce grand caractère qui allait s'éteindre au lendemain d'une victoire, ils plaignaient ce glorieux soldat qui n'avait plus la consolation de se mesurer encore avec l'ennemi.

Le maréchal, après avoir remis son commandement au général Canrobert, quitta l'armée pour s'embarquer à Balaklava, et mourut sur le *Berthol-*

*let* avant d'arriver à Constantinople, le 29 septembre 1854.

Le sultan, dès qu'il apprit cette mort, envoya aussitôt ses ministres exprimer à Mme la maréchale toute la part qu'il prenait à sa douleur et à l'immense perte que la France et l'empereur venaient de faire.

Le 4 octobre, le *Berthollet* repartait de Constantinople pour ramener en France la dépouille mortelle du maréchal, accompagnée par Mme la maréchale de Saint-Arnaud et quelques-uns des aides de camp avec des officiers d'ordonnance du vainqueur de l'Alma.

Il arriva le 11 à Marseille; on rendit à l'illustre défunt les mêmes honneurs que six mois auparavant, lorsqu'il s'embarquait pour Constantinople plein de confiance et d'espérance.

Le 16 octobre 1854, à 7 heures et demie du matin, les restes mortels du maréchal de Saint-Arnaud arrivèrent à Paris, où ils furent déposés dans une chapelle ardente sous la garde d'une compagnie d'élite.

A 10 heures, le char funèbre, traîné par six chevaux, s'acheminait au bruit du canon vers l'hôtel des Invalides.

L'empereur voulut être le premier à exprimer la reconnaissance du pays au glorieux et victorieux maréchal, et adressa à Mme la maréchale une lettre qui restera pour elle et sa famille comme un précieux hommage de respectueuse admiration de la France pour la fin glorieuse de l'illustre soldat.

Et n'est-ce pas le moment, pour perpétuer le souvenir d'une carrière militaire terminée avec un cœur aussi élevé, de perpétuer la mémoire de ce grand homme de guerre en lui érigeant une statue quarante-six ans après la bataille de l'Alma, qui inscrivit dans l'histoire une date à jamais inoubliable?

# TROISIÈME PÉRIODE

---

## ÉTABLISSEMENT DES ARMÉES ALLIÉES DEVANT SÉBASTOPOL
## BATAILLE DE BALAKLAVA
## BATAILLE D'INKERMANN

# CHAPITRE PREMIER

SOMMAIRE

*Arrivée des armées alliées devant Sébastopol.*

Le général Canrobert, qui prenait le commandement après le maréchal de Saint-Arnaud, était très apprécié de l'armée d'Orient ; il avait près du soldat une grande réputation de bravoure devenue légendaire, et les officiers qui avaient servi sous ses ordres appréciaient ses grandes qualités de chef. C'était encore un homme éminent que l'armée d'Orient devait avoir à sa tête.

On allait entrer dans une nouvelle et bien difficile période : il s'agissait de faire le siège d'une place de guerre sans qu'elle eût été investie, et par conséquent sans pouvoir intercepter ses communications avec l'intérieur.

Le 26 septembre, l'armée française campe dans la vallée de la Tchernaia, et le même jour une reconnaissance explore le plateau afin de permettre aux généraux du génie et de l'artillerie de reconnaître une première fois la place.

On aperçoit enfin Sébastopol avec ses arsenaux, ses casernes, ses grands bâtiments, ses larges avenues; on découvre les mâtures des vaisseaux, la passe des bateaux qui sert de communication entre les deux parties de la ville, enfin l'entrée du port fermée par les navires submergés.

Toute l'armée éprouve un sentiment de joie et d'impatience. Les troupes échelonnées marchent avec ordre et ne sont pas un seul instant inquiétées par le canon de la place.

Les jours suivants elles quittent successivement leur bivac pour venir camper sur le plateau de la presqu'île de Kersonèse, où elles reçoivent des vivres et un matériel de siège.

Les 3e et 4e divisions se dirigent vers le cap Kersonèse, le général en chef marche avec cette colonne; après une reconnaissance du général d'Aurelles, qui s'avance jusqu'à la mer, ces divisions établissent, le lendemain, leur bivac entre la baie de Streleska et celle de Kamiech, faisant face à Sébastopol.

Au même moment, les deux premières divisions, sous les ordres du général Bosquet qui réunit aussi sous son commandement la division turque, campe au nord de la presqu'île, faisant face à la baie de Sébastopol, de manière à se couvrir des attaques qui arriveraient par la vallée de la Tchernaia et celle de Balaklava.

Dans cette position, le corps d'observation domine ces deux vallées et appuie sa gauche aux Anglais près d'Inkermann. Pendant le mouvement de notre armée, ces derniers cherchent aussi à se rapprocher de la gauche du général Bosquet.

Le débarquement du matériel de siège et des approvisionnements se continue avec activité.

Le lieutenant-colonel Raoul, de l'état-major de la 2e division, reçoit le commandement supérieur des bataillons envoyés pour protéger les travaux et en presser l'exécution; car l'ennemi, surpris par notre marche de flanc au nord de Sébastopol, et voyant apparaître les alliés sur un point d'attaque qu'il ne prévoyait pas, se fortifie en toute hâte en construisant jour et nuit des ouvrages avancés qui se relient aux fortifications permanentes de la place.

Par ordre du général en chef en date du 20 octobre, le général Forey est nommé commandant du corps de siège devant Sébastopol; il a sous ses ordres les 3e et 4e divisions.

Le général Bosquet prend le commandement du corps d'observation destiné à couvrir l'armée de siège sur son flanc droit et à protéger ses opérations contre les entreprises d'une armée de secours venant de l'intérieur de la Crimée.

Ce corps se compose des 1re et 2e divisions et de la division turque.

## CHAPITRE II

SOMMAIRE

*Position stratégique des armées alliées.* — Configuration du plateau. Ouverture de la tranchée.

Avant d'entrer dans le détail des opérations qui déterminent, le 9 octobre, les premiers coups de pioche et l'ouverture du feu le 17 du même mois, il est nécessaire d'examiner la position stratégique des armées alliées et la configuration topographique du plateau.

Après la bataille de l'Alma, qui ne fut pas décisive, la guerre devait se prolonger en poursuivant l'ennemi replié sur Sébastopol, tout disposé à continuer la lutte.

Deux projets s'étaient présentés : attaquer la place par le nord ou venir s'installer dans la presqu'île de Kersonèse, qui présentait des avantages pour l'attaque et la défense.

En attaquant au sud, on comptait n'avoir devant soi que des ouvrages peu considérables. Les Russes, pensant que nous porterions tous nos efforts sur mer du côté du port, avaient fait d'importants travaux et renforcé tous leurs ouvrages.

A l'ouest, il existait une tour enveloppée d'un bastion en terre appelé le bastion du Mât, et vers l'est on apercevait la tour Malakoff au sommet d'un mamelon et entourée d'ouvrages en terre consistant en tranchées non reliées entre elles; mais on ignorait la puissance de l'artillerie que l'on devait combattre et la quantité des ouvrages nouveaux élevés par l'infatigable activité des Russes, comme par enchantement.

*
* *

Nous étions couverts à l'est par la vallée marécageuse de la Tchernaia, dont les rives, surtout à droite, sont impraticables à la cavalerie et à l'artillerie.

L'attaque par le sud offrait aussi pour les ravitaillements ou les renforts de troupe des communications faciles avec le port de Balaklava, la baie de Kasatch et celle de Kamiech, qui pouvaient non seulement abriter des vaisseaux de guerre et des bâtiments de transport contre le mauvais temps, mais encore permettre l'établissement de tous les magasins nécessaires.

Nous avions encore à recevoir une division de cavalerie sous les ordres du général Morris, qui était composée de chasseurs d'Afrique venant d'Algérie, de cavalerie légère et de dragons restés en Turquie.

Le plateau de Kersonèse sur lequel étaient établies les armées alliées présentait de tout côté des contreforts faciles à défendre.

Le col de Balaklava était sans contredit le point le plus dangereux, mais il était battu par notre artillerie, et son accès devenait ainsi très difficile pour l'assaillant.

Du reste, Sébastopol étant séparé en deux par le port militaire, la défense se trouvait aussi divisée en deux parties très distinctes, et le plateau sur lequel nous devions nous établir pour attaquer contenait des ondulations variées, dont les points culminants étaient plus élevés que les ouvrages russes.

*
* *

La pensée d'une attaque de vive force fut écartée lorsqu'on s'aperçut que l'ennemi possédait un armement considérable en pièces de gros calibre d'une grande portée. Alors on décida que la marine débarquerait son matériel pour prendre part aux opérations du siège, en faisant servir par les marins les batteries qui leur seraient confiées.

Les travaux de siège bien étudiés sont décidés ; on va creuser les lignes de circonvallation. Les reconnaissances du génie et de l'artillerie continuent à fouiller le terrain pour explorer les défenses de la place pendant que le corps d'observation en surveille les abords.

Les abords de la ville se composent de mamelons recouverts de maigres herbages ; çà et là on rencontre quelques maisons de campagne entourées de vignes au milieu desquelles sont plantés des amandiers, mais le pays est abandonné, les habitants se sont retirés dans la place.

*
* *

Le 9 octobre, le plan d'attaque est définitivement arrêté dans un conseil composé des généraux en chef et de ceux du génie, de l'artillerie et des commandants de corps d'armée.

Nos travaux formeront, à 300 mètres de la place, un front bastionné sur lequel seront établies cinq batteries dont l'emplacement est déterminé; elles devront tirer simultanément.

Les premiers travaux de tranchée commenceront dans la nuit du 9 au 10. Toutes les dispositions sont prises. Les Russes, qui étaient venus reconnaître notre position le 7, afin de s'assurer si nous avions commencé les travaux d'attaque, renouvellent leur tentative le 9 à 3 heures et demie du soir. Nos avant-postes signalent leur approche, mais l'ennemi, sans attendre un engagement corps à corps, se retire après une fusillade qui dure environ une heure.

A la nuit, on place des travailleurs qui doivent ouvrir la tranchée. Leur nombre est fixé à 1,600, afin de pouvoir les relever de trois heures en trois heures jusqu'au point du jour.

Accroupis à terre, ayant près d'eux leurs outils et leurs armes, ils attendent le signal. Dès qu'il est donné, huit cents pioches frappent à la fois un sol rocailleux. Cependant pas un coup de canon n'a été tiré de la place, et ce silence fait craindre à tout instant quelque surprise sérieuse de la part de l'ennemi, dont l'approche peut être dérobée à la vigilance des sentinelles par de nombreux accidents de terrain.

Enfin on a la certitude que ce bruit, par la violence du vent, ne peut pas être entendu de l'ennemi; cette certitude augmente la confiance, et à 10 heures du matin la tranchée a atteint un développement de 1,000 mètres environ et possède une profondeur suffisante pour garantir des feux de la place.

Mais, au jour, les Russes, s'apercevant, au bouleversement des terres, des travaux de la nuit, dirigent immédiatement sur ces travaux un feu des plus violents et les dégradent sur plusieurs points. Cependant le travail peut se continuer à couvert, et dans la journée du 10 on creuse et on élargit la tranchée qui forme l'amorce du fossé des deux batteries.

*
* *

Dans la nuit du 13 au 14, cinq bataillons russes sortent de la place et semblent vouloir tenter une attaque sur notre gauche, tandis qu'une colonne ennemie se dirige vers notre droite; cette tentative est sans résultat.

Les boulets sifflent dans l'air ou bondissent en ricochant. Les bombes, signalées par leur sillon lumineux, viennent s'enfoncer dans le sol ou le déchirent en éclatant avec un bruit perçant, renversant le soldat qui veille comme celui qui travaille; mais rien n'ébranle le mâle courage de ces hommes, déjà habitués à ces dangers nouveaux et inconnus.

Le feu de la place ne discontinue pas ni jour ni nuit; d'abord mal dirigé, il devient plus juste. C'est sur l'emplacement des batteries que s'acharnent sans relâche les efforts des assiégés.

Le 12 octobre, nos cinq premières batteries sont terminées, on s'occupe de leur armement, et l'établissement de la sixième vient d'être fixé à un endroit où on le croit indispensable.

Le 14, vers une heure de l'après-midi, le feu de la place devient encore plus violent; les Russes veulent détruire nos batteries en construction.

Dès qu'il se ralentit, quelques heures suffisent pour réparer les dégâts et établir de nouvelles traverses à la batterie 5, la seule qui ait beaucoup souffert.

---

## CHAPITRE III

SOMMAIRE

*Nos batteries ouvrent le feu contre la place.* — Projet d'assaut impossible.

Le 17 octobre, nos batteries doivent ouvrir leur feu contre la place; le corps de siège, par l'arrivée successive de nouvelles troupes, atteint le chiffre de 23,000 hommes. Le génie prolonge la première parallèle pour attaquer le bastion du Mât. L'artillerie établit deux nouvelles batteries, 7 et 8, et le général Forey organise une compagnie de francs-tireurs, qui doit opérer à l'abri de ces nouveaux travaux.

Toutes ces batteries sont en état, les attaques sont également prêtes, et le 17 octobre, à 6 heures du matin, trois bombes tirées coup sur coup par la batterie française n° 3 donnèrent le signal de l'ouverture du feu.

Au même moment, les vaisseaux des deux flottes viennent s'embosser pour ouvrir leur feu contre le fort de la Quarantaine, situé à la partie sud de la ville, et menacer le port.

*
* *

Le signal est donné; une détonation formidable se fait entendre aussitôt. Ce sont les cent vingt-six pièces des armées alliées qui ouvrent à la fois leur feu.

La place ne tarde pas à répondre vigoureusement; bientôt le sang coule dans nos batteries; les morts et les blessés sont nombreux; les pièces, renversées sur leurs affûts brisés, sont hors de service. Les morts sont remplacés aux pièces; les détonations se succèdent sans relâche, une fumée épaisse enveloppe les combattants.

Il est neuf heures du matin; l'attaque et la défense combattent avec rage; l'armée tout entière est sous les armes, prête à tout événement.

Cependant le feu de la défense paraît se ralentir; des coups inégaux indiquent que, sur plusieurs points, son feu est momentanément éteint; le bastion du Mât surtout a beaucoup souffert.

On espère un instant pouvoir tenter l'assaut, mais bientôt le feu de la place reprend une nouvelle intensité, et la lutte d'artillerie recommence avec acharnement.

Les flottes alliées, contrariées par le calme-plat de la mer, ne peuvent pas dès le matin prendre part à la lutte et combiner leur attaque avec celle des batteries de terre, en ouvrant simultanément leur feu contre la Quarantaine.

Vers 10 heures et demie seulement, les vaisseaux

français, mouillés à la Katcha, se rallient à ceux de la baie de Kamiech. Il était près de midi lorsqu'ils furent en position.

Aussitôt on signale le branle-bas de combat, mais les batteries de terre, épuisées, ne peuvent plus soutenir leur feu; néanmoins, le feu de la flotte ralentit celui de l'ennemi, et les feux de la Quarantaine sont pour ainsi dire éteints.

A 6 heures, les vaisseaux se retirent vers leur mouillage; ils font des pertes sensibles; le vaisseau amiral surtout a beaucoup souffert.

*
* *

On n'obtint pas, dans la journée du 17, les résultats sur lesquels on comptait, mais elle montra que nous avions affaire à un ennemi intelligent, résolu, et que ce ne serait qu'après une lutte sérieuse que les armées alliées planteraient leur drapeau sur les murs de Sébastopol.

Ce fut une dure épreuve, mais il fallait la subir pour se rendre compte des dispositions de l'armée russe et de la force de résistance qu'elle opposerait.

Ne s'étant peut-être pas non plus assez rendu compte de la disposition topographique du terrain, on avait pensé que le bastion du Mât, qui semblait occuper une position dominante, ferait tomber les ouvrages environnants et donnerait la possession de la ville. On s'aperçut plus tard que Malakoff était le point le plus élevé.

* * *

Maintenant nous sommes solidement installés en Crimée, bravant les obstacles matériels de toute nature, les maladies, les intempéries, et nos troupes vont faire preuve de cette énergique persévérance et de ce courage indomptable que l'on contestait au caractère de notre armée.

Elles vont exécuter les nombreux et gigantesques travaux qui ont fait du siège de Sébastopol une lutte mémorable, peut-être unique, par les conditions dans lesquelles elle s'est accomplie et les difficultés qu'il a fallu surmonter.

Mais l'armée qui avait enlevé si crânement les hauteurs de l'Alma prouva qu'elle savait aussi résister pied à pied pendant plus d'une année, en combattant chaque jour pour atteindre le but qu'on s'était proposé : affaiblir la puissance de la Russie dans la mer Noire.

## CHAPITRE IV

SOMMAIRE

*On appuie les attaques vers l'est.* — Établissement de la deuxième parallèle.

Après le 17 octobre, 6,000 travailleurs furent employés à augmenter le développement des tranchées et à réparer les dégâts causés par le feu de l'adversaire; mais, de leur côté, les Russes établissaient et augmentaient avec ardeur leurs lignes de défense, pendant qu'ils couvraient de mitraille les points où ils apercevaient la marche progressive de nos tranchées.

La population tout entière de Sébastopol fut employée à porter de la terre, des gabions et des fascines; chaque nuit, les ouvrages s'augmentaient et se reliaient entre eux sous l'habile direction du capitaine du génie Totleben, dont le nom appartient à cette lutte gigantesque.

Totleben, qui était l'âme de la défense, a rendu d'immenses services à son pays; il n'avait pas été élevé en France, comme on l'a prétendu, mais, fils d'un marchand de Mitau, il naquit en 1818, fit ses études aux écoles de Riga, et fut admis à l'école des ingénieurs de Saint-Pétersbourg.

Il vint en Crimée comme capitaine au 2<sup>e</sup> du

génie et passa successivement, dans moins d'une année, par les grades de commandant, de lieutenant-colonel, de colonel, de maréchal de camp et d'adjudant général; son souverain lui donna en outre les plus hautes marques d'estime et de considération.

* * *

Des deux côtés on multipliait à l'infini tout ce que pouvaient créer la ténacité et l'intelligence humaines renforcées encore par une énergie indomptable. Malgré les difficultés que présentaient sans cesse des masses rocheuses, nous avancions chaque nuit à pas sûrs; le bastion du Mât était enveloppé de tranchées, et les compagnies de francs-tireurs continuaient à faire un grand mal à l'ennemi.

Dans la nuit du 21 au 22 octobre, on commença le tracé de la deuxième parallèle, dès que les communications sur lesquelles elles devaient s'appuyer à droite et à gauche eurent été exécutées.

Le génie ayant compris la nécessité de reporter les attaques vers l'est et de s'avancer sur la capitale du bastion du Mât, on dut cheminer à travers un terrain difficile, sous un feu vif, régulier et parfaitement dirigé, afin de prolonger vers l'est la tranchée ouverte par la construction des huit premières batteries de la première parallèle.

Cette première parallèle était reliée au dépôt de tranchée par une communication destinée à couvrir le passage des gardes ou des travailleurs, protégée elle-même par une tranchée ouverte en arrière pour soutenir par des batteries de mortiers les nouveaux cheminements qui allaient être entrepris dans la direction de la deuxième parallèle.

Afin d'assurer cette parallèle et de faciliter son tracé, on ouvrit les boyaux de communication en longeant, à droite, un pli de terrain presque en face d'un petit mur crénelé qui reliait le bastion du Mât au fond du port militaire.

A gauche, on s'avança sur une autre ondulation du sol qui allait, en traversant la courtine, se jeter dans la baie de l'artillerie.

Cette parallèle, établie solidement à droite par l'escarpement du ravin dit des Anglais, qui descendait vers le fond du port, se rattachait par son extrême gauche au front bastionné de la première attaque; mais les obstacles matériels qu'on avait rencontrés dans la journée du 17 ne firent qu'augmenter.

*
*

Le général Canrobert écrivait au ministre de la guerre, à la date du 22 octobre : « Les difficultés que nous rencontrons sont de deux sortes : celles qui résultent de la nature du sol, dont la couche de terre, déjà très insuffisante, diminue au fur et à mesure que nous approchons de la place, et celles qui proviennent du nombre et du calibre des pièces d'artillerie que l'ennemi nous oppose sur un front à peu près en ligne droite et très étendu.

« En outre, les ressources qu'il tire de ses vaisseaux immobilisés dans le port, tant comme personnel que comme matériel, sont presque inépuisables, tandis que les nôtres sont nécessairement limitées. »

Ces détails si précis expliquent nettement les efforts nombreux et puissants qu'il a fallu déployer contre la place ainsi que les lenteurs qui devaient en résulter.

Quelques jours après, le général en chef écrivait encore au ministre de la guerre :

« Cette situation fait du siège de Sébastopol une des opérations les plus laborieuses qui se soient rencontrées depuis longtemps. »

Et dans une autre correspondance il ajoutait : « C'est une des œuvres les plus gigantesques qui aient jamais été inscrites dans les annales de la guerre. »

Cependant, malgré l'énergie de la défense, la place souffrait beaucoup, et divers rapports apprenaient que les pertes étaient considérables.

---

# CHAPITRE V

SOMMAIRE

*Bataille de Balaklava.* — Désastre de la cavalerie anglaise. — Nécessité de renforcer les ouvrages avancés pour les mettre à l'abri d'une surprise.

Pendant que les attaques se poursuivaient vers la gauche avec une énergique ténacité, le corps d'observation, commandé par le général Bosquet, ainsi que la division anglaise, qui occupait les hauteurs d'Inkermann et les positions de Balaklava, étaient sous le coup d'alertes continuelles, qui indiquaient de la part des Russes le projet arrêté de tenter bientôt une attaque sérieuse de ce côté.

L'armée du prince Menschikoff avait reçu des renforts; dès le 23, des têtes de colonnes ennemies furent signalées du côté d'Inkermann.

Le 24, le corps du général Liprandi prenait position dans la vallée de la Tchernaia et reconnaissait le terrain pour tenter le lendemain une entreprise vigoureuse sur Balaklava.

Le 25 octobre, dès le matin, des troupes placées sous son commandement sortaient du village de Tchorgoun par deux défilés et enlevaient quatre petites redoutes à peine achevées, dont trois seulement étaient armées de canons.

Les Turcs qui les défendaient, après une résistance

honorable, se retirèrent à la gauche d'un régiment écossais d'highlanders campés dans la plaine.

Ce fut le commencement de la bataille de Balaklava. Enhardie par un premier succès, la cavalerie ennemie (400 chevaux environ) s'avança dans la plaine pour attaquer ce régiment : elle fut repoussée, revint à la charge une deuxième fois et trouva la même résistance.

Presque au même instant, un corps de cavalerie beaucoup plus considérable que celui qui venait d'attaquer les Écossais descendit dans la plaine, mais il fut reçu par la brigade de cavalerie anglaise du général Scorlett, qui, par ordre de lord Lucan, s'était rangée à la gauche des Écossais, après avoir protégé la retraite des Turcs sous le feu de l'artillerie ennemie.

« La charge exécutée par la brigade du général Scorlett, écrit lord Raglan dans son rapport, est une des plus brillantes que j'aie jamais vues. »

*
* *

A 7 heures et demie du matin, le général en chef de l'armée française, prévenu que les Russes se portaient contre les Anglais, se rendit aussitôt sur les plateaux occupés par nos troupes qui formaient la limite extrême de notre position défensive.

Lord Raglan y était déjà avec tout son état-major.

Les Russes, évalués à environ 20,000, occupaient la colline opposée et s'étendaient sur les hauteurs boisées qui ferment le fond de la vallée de la Tchernaia; leurs têtes de colonne seules apparaissaient. Le reste du corps d'armée était défilé dans les ravins et masqué par de hautes broussailles.

L'ennemi avait l'intention de nous attirer à lui pour nous faire quitter nos excellentes positions.

Au premier coup de canon, le général Bosquet, qui s'est rendu compte de la situation, envoie la 2e brigade de la 1re division, commandée par le général Vinoy, vers Balaklava, afin d'appuyer les Anglais et de les relier à nous.

La 1re brigade, sous les ordres du général Espinasse, qui commandait la division par intérim, garde le col du même nom avec l'artillerie de la division et la brigade de chasseurs d'Afrique.

Tous les retranchements établis pour conserver nos positions sont garnis de chasseurs à pied et de zouaves armés de carabines ou de fusils à longue portée.

Les troupes de la 2e division prennent possession en arrière des crêtes. L'artillerie à cheval de la réserve se place à sa droite, attelée et prête à marcher au premier signal.

Ces précautions prises, le général Canrobert se porte, avec les généraux de division, au point culminant, entre le col de Balaklava et le Télégraphe, poursuivre les mouvements de l'ennemi et apprécier les résultats de son attaque combinée.

A peu de distance de là se tient lord Raglan avec un nombreux état-major. C'est de ce point que le général en chef de l'armée anglaise, voyant l'ennemi abandonner le terrain qu'il avait momentanément occupé, fait dire à la cavalerie, soutenue par la 4e division sous le commandement du général Cathcart, de marcher en avant et de profiter de toutes les occasions pour reprendre les hauteurs.

« Les Russes, écrit lord Raglan dans son rapport, semblaient essayer d'emporter les canons qui avaient été pris. Je donnai l'ordre au comte de Lucan d'avancer rapidement, de suivre l'ennemi dans sa retraite et de tâcher de découvrir ses projets. »

*
* *

Cet incident, qui causa la perte de la cavalerie anglaise, a donné lieu à de vives récriminations, car, pendant les courts instants qui s'étaient écoulés entre le moment où cet ordre venait d'être donné et celui où lord Lucan le reçut, les Russes, protégés par une puissante artillerie, eurent le temps de se reformer de nouveau sur leur propre terrain.

Mais l'ordre de lord Raglan était bien précis. Il fut porté écrit, par le capitaine Nolan, au comte de Lucan, qui, malgré la situation difficile dans laquelle il se trouvait, ne croyant pas devoir modifier un ordre de son général en chef, fit prévenir aussitôt le comte de Cardigan de se porter en avant avec sa brigade.

Cette vaillante troupe, entraînée par son intrépide chef, part à la charge, fauchée pour ainsi dire par la mitraille de l'artillerie ennemie qui la prend d'écharpe, tandis qu'elle est reçue de front par les nouvelles batteries de l'infanterie russe qui s'est reformée rapidement.

Le général Canrobert, de son point d'observation, témoin de ce carnage, ordonne au général Morris d'enlever avec les chasseurs d'Afrique les batteries qui labourent le flanc de la cavalerie anglaise.

Le général s'avance en échelon et lance le 4ᵉ chasseurs d'Afrique de la brigade d'Allonville pour éteindre le feu des batteries.

Notre cavalerie fait elle-même des pertes sensibles, mais elle oblige néanmoins l'artillerie russe à s'éloigner, et les débris de la cavalerie anglaise peuvent se rallier.

Le corps d'armée du général Liprandi, ayant reformé ses lignes en arrière de la chaîne des hauteurs qui bordent de ce côté la vallée de la Tchernaia, ne tente plus d'autre mouvement en avant.

* * *

La bataille était terminée; elle avait surtout consisté en un vigoureux combat de cavalerie dans lequel les Anglais, par suite d'un malentendu regrettable, avaient fait des pertes considérables.

Le général Canrobert et lord Raglan rapprochèrent alors leurs troupes de Balaklava afin de les relier au corps d'observation.

Les Turcs, soutenus par la 4ᵉ division anglaise sous les ordres du général sir George Cathcart, reprirent une des hauteurs que les Russes avaient envahies pendant la journée.

Des régiments anglais campèrent dans la vallée, et une brigade de la 1re division française resta prête, au premier signal, à prêter son concours au général sir Colin Campell.

L'attaque des Russes dans cette journée avait prouvé que nos ouvrages avancés étaient trop éloignés pour résister à un combat sérieux, même en employant à leur défense des troupes plus considérables, et les deux généraux en chef décidèrent que les Anglais abandonneraient leurs lignes extérieures de défense pour concentrer leurs forces sur la plaine étroite que ferme l'entrée de la vallée de Balaklava vers le port et sur les collines situées au-dessus de la ville.

On enfermait ainsi dans une enceinte de défense la position de Balaklava.

La journée du 25 octobre venait de confirmer les appréhensions de celle du 17, et prouvait en outre que l'armée du prince Menschikoff, considérablement augmentée, menaçait les armées alliées d'une attaque qui devait avoir lieu avant qu'elles eussent reçu de nouveaux renforts.

---

## CHAPITRE VI

SOMMAIRE

*Le général Bosquet reçoit l'ordre du général en chef de se rapprocher des Anglais pour les soutenir au besoin.* — Difficultés aux attaques de gauche. — Terrain difficile. — Création de six nouvelles batteries. — Résistance des Russes, reliant leurs ouvrages et en créant de nouveaux.

La bataille de Balaklava ayant démontré au général Canrobert l'insuffisance des ouvrages défensifs de l'armée anglaise qui laissaient sans appui les divisions campées sur l'extrémité du plateau d'Inkermann, il ordonna qu'à partir du 26 octobre la 1re division cessât son service de tranchée pour rester tout entière sous ses ordres directs dans le cas où une attaque imprévue rendrait sa présence nécessaire. Il prescrivait en outre au général Bosquet de faire front aux attaques qui viendraient des vallées de Balaklava et de la Tchernaia, en rapprochant le plus possible sa gauche de la droite des Anglais à Inkermann pour les soutenir au besoin.

Le 26 octobre, les Russes font une nouvelle tentative sans résultat sur la division anglaise sir Lucy Evans; néanmoins chaque jour semble annoncer de nouvelles luttes.

Au siège, les approches françaises continuent avec une infatigable activité; nuit et jour les travailleurs creusent le sol ou élèvent des parapets; l'artillerie construit des batteries, et l'ennemi, ne pouvant arrêter nos travaux par les feux de la place, se fortifie à l'aide de nouveaux retranchements par le côté gauche du ravin qui descend vers la ville; il ne répare plus les embrasures des batteries du Mât atteintes par nos projectiles, mais il construit des ouvrages en arrière et établit une forte gabionnade en avant du saillant du bastion contre lequel il sent que se dirigent nos principales attaques.

Notre marche souterraine s'avance vers la place; les cheminements sur lesquels doit s'appuyer la troisième parallèle sont exécutés par le génie; et dans la nuit du 1er novembre commence, à droite et à gauche, le périlleux tracé de cette parallèle qui rencontre sur divers points des roches crayeuses. En outre, nos travaux sont inquiétés par une canonnade très vive de la place.

*
* *

A cette époque, le général en chef écrivait au ministre de la guerre : « Les attaques contre la place ont marché lentement avec la pique et le pétard, mais sûrement, et elles sont parvenues aujourd'hui à 140 mètres du saillant du bastion du Mât. J'établis à cette distance ma troisième parallèle. »

« Le génie de l'armée, en conduisant les approches aussi près de l'enceinte, a réalisé presque l'impossible, puisque nous sommes arrivés dans l'espace de quatorze jours à la troisième parallèle en marchant toujours à la sape volante dans un roc vif où l'on met trois ou quatre jours pour faire le travail d'une nuit dans un terrain ordinaire. »

Telles étaient les difficultés que nous rencontrions, et depuis le 19 octobre nos batteries, remises en état, n'avaient pas cessé de faire feu.

Six nouvelles batteries, 10, 11, 12, 13, 14, 14 *bis*, furent adjointes aux premières et placées dans le prolongement de nos travaux d'attaque, pour battre, les unes la face gauche du bastion du Mât, les autres les batteries ennemies qui défendaient l'entrée du ravin.

Les attaques françaises avaient marché si rapidement, qu'en supposant aussi avancées les attaques anglaises sur le Redan et à Malakoff, on pouvait prévoir le jour où on donnerait l'assaut.

Une tentative isolée sur le bastion du Mât ne pouvait réussir, car elle était prise à revers de tout côté par les batteries des casernes et de Karabelnaia ; exposé à un feu meurtrier, on n'aurait pu s'y maintenir.

* * *

Chaque jour cependant rend la situation plus délicate et plus difficile ; les Russes élèvent avec une infatigable activité des défenses qui se relient entre elles sur les points où l'on peut supposer que déboucheront les colonnes d'assaut.

Le 1er novembre, quarante-sept nouvelles pièces

ouvrent le feu contre la place. Les Anglais tirent également avec toutes leurs batteries; et, les feux du bastion du Mât, le principal but de l'attaque du côté des Français, ayant été éteints dans l'après-midi, l'assaut fut décidé et résolu en conseil pour le 6 novembre.

Tout s'apprête : cependant, le feu des Russes a repris une nouvelle intensité, et notre attaque de gauche, exposée au tir d'un grand nombre de batteries nouvellement construites, est plus éprouvée que l'attaque de droite.

Dans la même journée, quatorze canonniers de la batterie 13 sont mis hors de combat, quoique les francs-tireurs placés aux extrémités de la deuxième parallèle ralentissent souvent les efforts de l'ennemi.

Mais, en raison de l'habileté de l'adversaire à construire de nouvelles batteries et à élever de nouveaux retranchements, nous n'avons pas de temps à perdre.

Les Russes, qui prévoient que ces travaux d'approche détermineront l'assaut, ont, eux aussi, combiné une sortie sur nos tranchées avec une attaque du corps d'observation vers Balaklava et Inkermann.

Ils veulent par là nous prendre à revers, et couper nos communications avec la mer pour nous enfermer contre la place sur la presqu'île de Kersonèse; — dans la nuit du 4 au 5 novembre, profitant de l'obscurité et du brouillard, ils s'approchent des Anglais, qui sont dans une sécurité complète.

---

## CHAPITRE VII

SOMMAIRE

*Les Anglais surpris dans leur camp.* — Démonstration sur Balaklava. Bataille d'Inkermann.

Il est près de 6 heures du matin lorsque, d'après les instructions du prince Menschikoff, le général Liprandi commence une démonstration du côté de Balaklava, où les Anglais se croient en sûreté ; puis il déploie dans la vallée, à la faveur du brouillard, son infanterie et sa cavalerie, soutenues par une puissante artillerie.

Des coups de fusil sont entendus des camps de la 2e division française, la plus rapprochée des Anglais ; le général Bosquet fait sonner la générale et prendre les armes.

L'ennemi se montre sur trois points du côté des ponts d'Inkermann : vis-à-vis de la droite du corps d'observation des Anglais, dans la plaine de la Tchernaia, et en face d'un point culminant sur lequel est élevé un télégraphe russe, à l'endroit même où la route de Voronsoff vient déboucher sur le plateau.

A ces trois points la canonnade et la fusillade retentissent. Le général Bosquet place son infanterie au point où la route de Voronsoff rencontre le plateau.

Le général Canrobert, averti de l'attaque, envoie aussitôt des officiers de son état-major pour prévenir les généraux de prendre partout des positions défensives, et, montant lui-même à cheval, il se transporte aux différents points attaqués par l'ennemi sur la vaste étendue de terrain occupée par ses troupes.

*
* *

Dans la plaine de Balaklava, l'armée ennemie se déploie sur trois lignes, couvertes en avant par une ligne d'artillerie largement espacée; mais le brouillard ne permet pas de déterminer la nature et la quantité des troupes ennemies qui se dirigent vers les hauteurs occupées par les 1re et 2e divisions françaises.

Le général Bosquet, pendant que les mouvements qu'il a ordonnés s'exécutent, se porte de sa personne sur Inkermann, ayant avec lui le général Bourbaki à la tête du bataillon du 7e léger, d'un bataillon du 6e de ligne et de quatre compagnies des chasseurs à pied, plus les deux batteries à cheval de la réserve du commandant de Laboussinière.

Les 1re et 2e divisions se sont développées le long des hauteurs avec des réserves en arrière sur le plateau.

Les deux batteries de la 2e division, sous les ordres du commandant Bonal, sont établies, la première à un emplacement préparé à l'avance, l'autre dans un ouvrage en terre appelé la Queue d'hironde, qui se trouvait au pied des hauteurs à gauche de la route de Voronsoff vers lesquelles paraît se diriger l'armée russe.

Une batterie de six pièces de trente de la marine a été placée au pied du Télégraphe.

Aussitôt que l'artillerie ennemie est à portée, elle ouvre immédiatement son feu sur toute la ligne ; nos batteries ripostent avec vigueur et tirent sur les masses qui sont en face d'elles.

Le général Bosquet, qui avait toujours cru que les démonstrations faites jusqu'alors par l'ennemi n'étaient qu'une diversion dans le but de voiler l'action principale sur le plateau d'Inkermann, avait fait dire au colonel anglais Steel, secrétaire de lord Raglan : « Allez à Inkermann. C'est à Inkermann que tout se passera. » Les Anglais, qui pensaient alors ne pas avoir besoin du concours des Français, ne tinrent pas compte de ce premier avis.

Mais, le brouillard s'étant légèrement élevé du fond de la vallée, on put voir la cavalerie ennemie déployée sur ce point. L'artillerie russe, à laquelle la batterie de marine, par la supériorité de son tir, avait fait grand mal, s'était retirée en arrière.

Du côté de Balaklava, l'attaque était molle, indécise, mal dessinée, tandis qu'une canonnade mêlée à une très vive fusillade retentissait formidable sur les positions d'Inkermann.

Au même instant, des officiers anglais, et en avant d'eux le colonel Steel, galopant à fond de train, venaient dire au général Bosquet que l'attaque sérieuse était sur Inkermann, que les Anglais étaient écrasés par le nombre toujours croissant de l'ennemi, et que de toute part apparaissaient de nouvelles colonnes russes qui enlaçaient le plateau de leurs masses compactes. Le duc de Cambridge et ses vaillants gardes combattaient en désespérés, les généraux Cathcart et Brown se multipliaient, il n'y avait pas un instant à perdre.

« Je le savais bien, » s'écria le général Bosquet ; et se retournant vers le colonel Steel : « Allez dire à lord Raglan que Bourbaki est déjà à Inkermann. Les Français arrivent au pas de course. »

Et aussitôt il donna l'ordre à son chef d'état-major, le colonel de Cissey, de joindre en toute hâte le général Bourbaki pour lui prescrire de se jeter à la baïonnette sur le flanc des Russes. Mais déjà Bourbaki, qui s'éclairait sur sa gauche pour se relier à la droite des Anglais, avait compris la gravité de la situation et l'impérieuse nécessité d'éviter l'envahissement de l'ennemi par une offensive audacieuse ; aussi, quand le colonel de Cissey arriva, les bataillons gravissaient rapidement la pente du plateau.

Les batteries de réserve du commandant de Laboussinière étaient déjà arrivées sur le terrain, et le général Bosquet dirigeait sur le même point un bataillon de zouaves et un bataillon de tirailleurs algériens.

*
* *

Le drame va se dérouler maintenant à Inkermann. Les Anglais sont surpris dans leurs tentes à

Balaklava, les boulets tuent les chevaux au piquet et les hommes encore endormis. Mais les officiers et les soldats, à peine vêtus, empoignent leurs armes et s'élancent en désespérés sans savoir où diriger leurs pas.

Au milieu de la fusillade et des détonations du canon, on entend les cris des chefs qui rallient les bataillons au drapeau de l'Angleterre; des hourras leur répondent de toute part, ceux des Anglais qui accourent, ceux des Russes qui s'approchent.

Un brouillard épais enveloppe cette scène de confusion et de tumulte qui s'étend vers Inkermann, où se livre une lutte acharnée avec les bataillons de Bourbaki.

La 2e division anglaise, commandée par le major général Pennefater, s'est formée, pendant que les avant-postes combattent et meurent un à un. Une brigade se jette sur le sommet des hauteurs avec le général Adams pour arrêter l'ennemi qui s'avance à travers les taillis touffus sous la protection d'une nuée de tirailleurs dont le feu est redoutable.

La brigade des gardes se dirige vers l'extrême droite de la 2e division; à sa tête combat le duc de Cambridge et le major général Benteneck. Rien ne l'arrête; ses rangs troués par la mitraille se reforment aussitôt.

Les bataillons de la division légère, commandés par sir George Brown, courent au feu à mesure qu'ils se forment; l'une des brigades s'arrête sur les terrains en pente qui descendent à Sébastopol, l'autre se porte en avant. Plus loin, la 4e division du général Cathcart s'est jetée à droite du point d'attaque; une de ses brigades, celle du général Goldic, occupe la gauche de la route d'Inkermann.

Les batteries de la 1re et de la 2e division françaises, qui ont pris position, commencent aussitôt un feu inégal contre cette pluie de fer provenant de l'artillerie que les Russes ont amenée, des canons de la place, et surtout des vaisseaux de guerre, qui lancent du fond de la baie des volées de mitraille.

*
* *

Les Russes ont divisé en deux colonnes leurs forces, commandées par le général Donneberg. La première colonne, sous les ordres du général Soimanoff, se porte rapidement sur la rive gauche du ravin pour tourner la position d'Inkermann.

La seconde, commandée par le général Parloff, doit balayer les défilés couverts d'épaisses broussailles, — tandis que le reste des troupes, avançant par la route d'Inkermann, se forme en bataille entre le ravin et les défilés.

Les mouvements de ces deux généraux doivent être simultanés, mais le général Soimanoff, entendant le feu s'engager entre les tirailleurs et les postes avancés des Anglais, au lieu d'appuyer sur sa droite, lance droit devant lui ses régiments formés en colonne par compagnie, jette le désordre dans le camp anglais et envahit même l'emplacement des tentes.

Le général Soimanoff est tué en gravissant les premières hauteurs du plateau.

Il se produisit alors une de ces mêlées indescriptibles, choc formidable de masse contre masse, au milieu de l'audace de l'attaque et de l'héroïsme de la défense.

Toutes les divisions sont accourues; nos intrépides alliés ont reconquis une partie du terrain un instant envahi, mais de toute part les colonnes ennemies se pressent et reparaissent chaque fois plus menaçantes, plus compactes et toujours plus entreprenantes.

Le lieutenant général Cathcart est tué l'épée à la main en cherchant à se lancer avec une petite colonne sur le flanc des Russes.

*
* *

La lutte se poursuit avec acharnement entre les Anglais et les Russes, quand les bataillons français se précipitent dans la mêlée, tandis que les batteries à cheval du commandant de Laboussinière ouvrent leur feu.

Ces bataillons, entraînés par l'intrépide Bourbaki, chargent avec fureur; on dirait une masse de fer mise en mouvement par une puissance irrésistible; ils font une large trouée dans les rangs ennemis, et les Russes rétrogradent.

Les Russes, un instant surpris par cette avalanche d'hommes, resserrent leurs rangs éclaircis; les officiers ramènent leurs soldats et s'élancent les premiers sur nos baïonnettes avec une énergie sans égale.

Nos bataillons, écrasés par le nombre, sont à leur tour repoussés par le flot toujours croissant. Le colonel de Camos tombe frappé d'une balle dans la poitrine. Les batteries du lieutenant-colonel de Raujaux, celles du commandant de Laboussinière, malgré la mitraille qui hache à tout instant ses hommes et ses chevaux, résistent avec rage et continuent à diriger leur tir sur les batteries qui couronnent les hauteurs.

Le général Bosquet voit l'ennemi envahir les abords du plateau, aperçoit ses braves bataillons plier sous le poids d'une lutte inégale, et lance pour les soutenir de nouveaux renforts. Il est avec eux, les anime, les guide au milieu de la mitraille, et dit au commandant d'artillerie Barral qui lui amène ses batteries : « Je vais charger à fond avec les troupes que j'ai sous la main pour reprendre aux Russes toutes les positions; les Anglais doivent garder ma gauche; établissez vos pièces de manière à appuyer le mouvement. »

Mais les Anglais ne s'étaient pas préoccupés de la gauche du général Bosquet. Le colonel Forgeot se met en batterie sur la crête, pendant que le commandant Barral se porte en avant pour placer deux canons qui sont presque aussitôt démontés.

Le général Bosquet a son cheval tué sous lui, mais reparaît aussitôt.

Les deux batteries de la réserve ont reçu de nouvelles munitions et réparé leurs pertes, il est près de dix heures : — environ vingt-deux pièces avec celles des Anglais tonnent à la fois. C'est d'un effet grandiose. Elles balayent le terrain sur lequel se cramponnent les masses ennemies, et leurs projectiles viennent tomber à l'extrémité de la position d'Inkermann.

*
* *

Le général Canrobert sait que l'attaque de Balaklava n'est pas sérieuse, et dirige sur Inkermann le reste de la 2e division, dont la présence devient inutile en face du général Liprandi.

Il s'est concerté aussi avec lord Raglan pour faire avancer à la hâte toutes les réserves, afin de les tenir prêtes à appuyer les troupes engagées, et presse la marche des zouaves conduits par les commandants Dubos et Montaudon.

« Ce n'est plus de la fusillade qu'il nous faut, s'écrie-t-il, c'est de la baïonnette; » et il arrive avec eux sur le terrain, où le général Bosquet lance ses bataillons si avides de combattre.

Le général Canrobert, pendant que ses vaillants lieutenants luttent pied à pied sur le plateau envahi, se préoccupe non seulement des éventualités menaçantes qui peuvent se produire soit à Balaklava soit à Inkermann, mais encore à l'attaque possible de l'ennemi sur son extrême gauche; et presque au même moment il est blessé au bras d'un éclat d'obus. Surmontant la douleur, il reste à cheval et, sous le feu de l'artillerie russe, combine l'emploi successif des réserves, quand on vient lui annoncer que la gauche du corps de siège des Français est envahie par une forte colonne ennemie et que la fausse attaque de Balaklava, qui est une attaque sérieuse, enveloppe les positions anglaises.

*
* *

La situation devient critique. Les Russes, au même moment, couronnent les crêtes du plateau d'Inkermann, et leurs masses se font de plus en plus redoutables.

Cependant les officiers envoyés à la hâte pour s'assurer de la réalité des faits vinrent peu après rendre compte au général en chef que nos travaux d'approche sur la gauche avaient été un instant envahis, que les Russes étaient entrés dans nos batteries, mais qu'ils avaient été vigoureusement repoussés par les troupes du général Forey.

Quant à l'attaque sur Balaklava, elle n'avait pas changé de face et ne donnait aucune inquiétude sérieuse.

*
* *

Le brouillard a disparu; il est 11 heures; on commence à se compter, le régiment des gardes, qui combat pied à pied, est enveloppé par l'ennemi.

Les zouaves, les chasseurs à pied, les tirailleurs algériens, n'attendent qu'un signal. Le général Bosquet parcourt leurs rangs, les anime par sa parole entraînante. Un cri puissant qui domine le bruit du combat lui répond, et tous se précipitent à l'envi, profitant des irrégularités du sol.

« Ce sont des panthères qui bondissent dans les buissons, » s'écrie le général Bosquet en les suivant du regard.

Si la défense du plateau d'Inkermann où a coulé tant de sang héroïque fut infatigable, l'attaque fut des plus audacieuses.

Les officiers russes ramènent vingt fois leurs soldats au combat, reforment à la hâte leurs bataillons décimés que viennent soutenir de nouvelles réserves, en poussant des cris féroces auxquels répondent par de frénétiques hourras les colonnes massées sur le flanc de la colline et dans les gorges.

A gauche, en arrière de la crête, notre artillerie jointe à celle des Anglais causent aux batteries russes des pertes sensibles et criblent les masses qui reparaissent à tout instant plus menaçantes, plus compactes.

*
* *

Cependant les abords du plateau sont gardés ; la brigade du général de Monnet, de la division du prince Napoléon, est déployée sur deux échelons en arrière d'une batterie anglaise; elle est prête à se porter en avant.

L'échelon de droite est commandé par le général de Monnet en personne.

La 2e brigade de cette division, sous les ordres du prince Napoléon, dont la présence devient inutile au siège, accourt vers Inkermann.

Le général Bourbaki contient les efforts des Russes sur la gauche.

Le général Morris avec ses chasseurs d'Afrique est à l'extrême droite; il est prêt à soutenir les mouvements de l'infanterie.

Les Russes concentrent une deuxième fois leurs attaques sur le versant où s'élève une petite redoute des Anglais.

Leurs masses profondes, resserrées dans les dépressions du terrain, ne peuvent se déployer et donnent prise au feu de nos tirailleurs et de notre artillerie.

Des files entières sont enlevées par nos boulets, l'obscurité ne protège plus l'ennemi, et, le désavantage du terrain neutralisant l'immense supériorité de leur nombre, la confusion se met dans leurs rangs.

Alors le général d'Autemare, venant de Balaklava, lance ses bataillons. Le colonel Wimpfen est à la tête des tirailleurs algériens, les commandants Dubos et Montaudon sont au milieu des zouaves : on dirait une avalanche humaine qui déborde tout à coup.

Les Russes s'arrêtent pétrifiés : ce n'est plus un combat, c'est une effroyable boucherie; les bataillons sont bouleversés, écrasés, déchirés. Les vivants tombent pêle-mêle avec les morts; on tue, on tue toujours, sans voir, sans regarder, sans comprendre.

L'ennemi fuit en désordre; nos soldats, ivres de combat et de massacre, les poursuivent jusqu'à l'escarpement des carrières qui forment la limite extrême du plateau, et les précipitent pêle-mêle des hauteurs abruptes où chaque homme peut trouver une mort certaine.

Au fond de la vallée, les cadavres s'amoncellent comme ils s'entassaient tout à l'heure sur le plateau.

L'endroit où eut lieu cet affreux carnage, qui mit fin à la bataille d'Inkermann, conserva depuis le nom d'*abattoir*.

Enfin le combat est terminé; il est près de trois heures de l'après-midi. Les Russes sont en retraite et se retirent, sous la protection de leur artillerie et de celle de la place, vers le vallon où la Tchernaia se jette dans le fond de la rade.

*
* *

Quoiqu'on ait dit qu'Inkermann ne fut pas une bataille stratégique, il n'en est pas moins vrai que les généraux Canrobert et Bosquet s'étaient, aux premiers coups de canon, rendu compte de la tournure que prendrait l'attaque.

Le général Bosquet avait indiqué dès le début qu'elle aurait lieu à Inkermann et que la démonstration de Balaklava n'était que simulée.

Le général Canrobert, qui avait le commandement en chef, devait prévoir toutes les éventualités; il ne dégarnit la gauche que quand il fut bien convaincu que l'attaque de l'ennemi du côté du bastion du Mât avait échoué. C'est alors seulement qu'il envoya à Inkermann la 3e division avec le prince Napoléon, pour renforcer les troupes que le général Bosquet avait engagées depuis le matin.

L'élan, la force, le courage, surexcités par la puissante initiative des chefs, dominèrent la situation.

Ce fut un assaut terrible, multiple, infini, semblable au flot qui bat la grève, se retire et revient sans cesse.

Le plateau sur lequel se livre le combat est étroit, resserré, inégal, entouré d'ondulations infinies du sol qui révèlent à tout instant de nouveaux ennemis marchant en colonnes épaisses.

Cette mêlée, qui dura plus de sept heures, défie toutes les descriptions et toutes les analyses.

Actes d'héroïsme de part et d'autre, terribles combats corps à corps, ralliements désespérés, luttes acharnées avec la mort au fond des ravins, au milieu des broussailles, bataille dans laquelle chefs et soldats combattent et succombent côte à côte.

Telle fut la bataille d'Inkermann!

Mémorable et sanglante journée, — grande victoire qui causa de grands deuils.

L'armée anglaise fit des pertes cruelles et déploya une grande valeur pour conjurer avec le général Bosquet un péril qu'elle aurait pu éviter par une plus active surveillance.

Trois officiciers généraux furent tués sur le champ de bataille, et plus de cent officiers mis hors de combat.

Nous fîmes moins de pertes que nos alliés, mais le général Bosquet eut son cheval tué sous lui par un boulet. Le général Canrobert fut blessé au bras d'un éclat d'obus, nous avons failli être privés des deux hommes les plus appréciés de l'armée. C'eût été une perte cruelle.

Les Russes furent très éprouvés.

Le général Bosquet acquit dans cette inoubliable journée un titre bien mérité à la reconnaissance de l'armée et de la nation anglaise.

Dès que lord Raglan l'aperçut après la bataille, en lui tendant la seule main qui lui restait (il avait été amputé à Waterloo) : « Général, lui dit-il avec effusion, je vous remercie au nom de l'Angleterre. »

Le général Bourbaki, avec sa bouillante ardeur, avait puissamment contribué au succès en se lançant au début de l'action dans le flanc de l'armée russe qui venait de surprendre les Anglais dans leurs camps.

---

# CHAPITRE VIII

SOMMAIRE

*Opérations et lutte aux attaques de gauche pendant la bataille d'Inkermann.*

Pour compléter le récit de la journée du 5 novembre, il est indispensable de dire aussi ce qui se passait au siège pendant que la lutte devenait si acharnée à Inkermann.

Le général Timotieff devait diriger avec les troupes de la garnison une forte sortie sur nos travaux d'approche, dont la tête n'était plus qu'à 140 mètres du bastion du Mât; l'ennemi avait pour but de bouleverser nos batteries en envahissant impétueusement nos tranchées, et d'empêcher ainsi les troupes du corps de siège de venir en aide au corps d'observation.

Le plan du prince Menschikoff était habilement conçu : trois corps d'armée, celui de Liprandi à Balaklava, de Soimanoff à Inkermann et de Timotieff au siège, devaient à la fois nous inquiéter et nous mettre dans l'impossibilité de disposer sûrement de nos réserves.

Mais aussitôt que le général Canrobert fut informé de l'attaque des Russes sur les positions anglaises, il envoya un de ses aides de camp au général Forey, qui avait le commandement du corps de siège, pour le prévenir de se tenir sur ses gardes et de se préparer à repousser une attaque, — il pouvait penser que la tentative de l'armée serait suivie d'une sortie générale de la garnison; — cependant, quand la bataille commença à se dessiner, les généraux Bosquet et Canrobert purent se convaincre que, l'attaque sérieuse devant se faire à Inkermann, il y fallait des réserves; c'est pourquoi le général en chef demanda aussitôt au général Forey la brigade du général Monnet, de la 3e division.

* * *

Toutes les précautions sont prises pendant qu'on se bat à Inkermann : il est environ neuf heures du matin quand les Russes se précipitent au siège sur nos batteries 1 et 2, après avoir envahi nos tranchées; le nombre insuffisant de ses défenseurs oblige à les quitter momentanément, en se retirant de traverses en traverses pour attendre l'ennemi à la baïonnette; mais bientôt deux compagnies du 19e bataillon de chasseurs et quatre compagnies de la légion étrangère, en réserve au dépôt de tranchée, accourent sur le lieu du combat.

A l'arrivée de ces renforts, le 39e et le 19e de ligne, qui se retirent lentement en entretenant un feu de tirailleurs, reprennent aussitôt l'offensive.

Le général de Lamotte-Rouge, qui commandait la tranchée, rallie à lui quelques compagnies du 20e de ligne, escalade les parapets qui entravent sa marche et se dirige vers les batteries 1 et 2, que les Russes évacuent.

Le général franchit la première enceinte de défense : — entraîne avec lui les troupes qui l'entourent, force l'ennemi surpris de cette attaque imprévue à rétrograder, s'établit derrière des murs en démolition, et ouvre un feu nourri sur la colonne russe.

Tel fut l'ensemble de l'attaque de l'ennemi, qui, dans un premier moment de confusion, encloua quelques pièces de nos batteries.

Le général Timotief demande alors des renforts : reçoit deux batteries, puis six pièces d'artillerie, et reprend l'offensive.

C'est alors que le général de Lourmel a l'ordre de se porter en avant afin de soutenir avec sa brigade les troupes engagées, pendant que le général d'Aurelles, appuyant sur l'extrême gauche, doit essayer, à la faveur du brouillard, de tourner l'ennemi et de lui couper la retraite.

Le prince Napoléon tient sous les armes la brigade qui lui reste, pour la conserver en réserve au dépôt de tranchée.

Le général Levaillant, qui commande l'ancienne division Canrobert, renforce la brigade de Lourmel par celle du prince pour se tenir prêt à tout événement.

Le général Forey sort lui-même à la tête du 5e bataillon de chasseurs, par le ravin des Carrières, pour couper la retraite de l'ennemi s'il dépasse les batteries 1 et 2 d'où il vient d'être repoussé ; et le général d'Aurelles, qui appuie au pas de course vers le bord de la mer, s'empare brusquement des bâtiments de la Quarantaine et les fait occuper malgré les nombreux projectiles lancés constamment avec précision par les bastions de la place.

Au même moment, la brigade de Lourmel, que son chef conduit au combat avec une ardeur inouïe, arrive en masse compacte sur le sommet du plateau dont les Russes occupent le revers opposé.

Déjà la brigade de Lourmel a atteint les hauteurs de la baie de la Quarantaine; entraînée par son intrépide chef, elle continue à prononcer en avant son mouvement offensif, auquel s'est joint le général de Lamotte-Rouge.

Les Russes sont en pleine retraite et se retirent en toute hâte dans la place.

Le général, lancé à leur poursuite, pousse devant lui des masses ennemies, quand une balle lui traverse la poitrine.

Le colonel Niol prend le commandement de la brigade.

Les Russes se sont retirés; nos troupes, qui les ont poursuivis à portée de mitraille, vont faire de grandes pertes. Le général Forey s'en aperçoit, et envoie aussitôt l'ordre de cesser une poursuite qui en se continuant peut gravement compromettre des bataillons si résolument engagés.

* * *

L'ennemi, par cette sortie audacieuse, n'avait cependant obtenu aucun résultat réel. Nos tranchées n'avaient pas été dégradées, et nos travaux restaient intacts.

Sur huit pièces qui furent enclouées, six purent aussitôt recommencer leur feu, et les deux autres le lendemain.

Si nos pertes n'ont pas été énormes, elles furent sensibles et cruelles. La blessure du général de Lourmel était mortelle : il expira le 7 novembre, profondément regretté.

L'armée perdait en lui un jeune général dont la bravoure ne connaissait pas d'obstacles, et un chef auquel de hautes destinées semblaient réservées.

* * *

La journée du 5 novembre resta, au siège comme à Inkermann, glorieuse pour nos armes. L'ennemi, qui nous avait attaqués avec des forces considérables, avait été repoussé en laissant une quantité de morts et de blessés.

La confiance aveugle du prince Menschikoff, cette fois encore, venait d'être déçue, et les deux fils de l'empereur, qui espéraient assister à la déroute des armées alliées, avaient vu les troupes russes décimées regagner leur position après une terrible lutte.

Mais des renforts importants venant des côtes d'Asie, de Kertch, de Kaffa et de Nicolaieff, accouraient au secours de la ville assiégée, et en poussant nos attaques contre la place nous allions avoir à nous défendre sur toute l'étendue de nos travaux, que l'ennemi pouvait à tout instant inquiéter.

# QUATRIÈME PÉRIODE

---

## CONTINUATION DES TRAVAUX DE SIÈGE CONTRARIÉS PAR LES RIGUEURS DE L'HIVER MAMELON VERT, TRAKTIR, MALAKOFF, PRISE DE SÉBASTOPOL

# CHAPITRE PREMIER

SOMMAIRE

*Difficultés occasionnées par l'hiver.* — Ouragan du 14 novembre. — Renforts arrivant de France. — Sollicitude pour l'armée de Crimée. — Vigilance des Russes. — Reconnaissances dépistées.

Dès le 6 novembre, au lendemain de la bataille d'Inkermann, un conseil de guerre se réunit chez lord Raglan : il s'agissait de savoir s'il fallait donner l'assaut projeté, ou s'il convenait mieux, dans les conditions actuelles, d'attendre des renforts qui ne devaient pas tarder à arriver.

A ce conseil assistaient, outre les généraux en chef, les généraux français Bosquet, Forey, Martimprey, Bizot, Trochu; les généraux anglais Burgogne, England, Acrey et Rose.

Les amiraux Dundas et Hamelin, retenus au mouillage, furent représentés par les vice-amiraux Bruat et Lyons.

La question était grave, la situation pressante; les décisions devaient être rapidement prises pour profiter de la démoralisation de l'armée russe, qui était passée d'une confiance entière au désenchantement d'une grande défaite.

Le général Canrobert, en s'adressant aux généraux et aux amiraux, fit un exposé fidèle de la situation, des ressources dont on disposait, des éventualités à craindre, des forces considérables de l'ennemi; il représenta les difficultés nouvelles qu'allait nous occasionner l'approche de l'hiver, et dit en terminant : « Vous avez été appelés au sein de ce conseil, Messieurs les généraux et amiraux, pour émettre franchement votre opinion. Dans ces conditions, faut-il ajourner l'assaut ou le donner immédiatement? »

Tous ces chefs si audacieux, si énergiques, si entreprenants, furent cependant unanimes pour l'ajournement jusqu'à l'arrivée des renforts.

L'insuccès pouvait devenir un épouvantable désastre.

L'armée anglaise avait perdu le meilleur de sa cavalerie à Balaklava; à Inkermann elle avait laissé sur le champ de bataille 2,600 hommes, dont 41 officiers, parmi lesquels 3 généraux, et 101 officiers blessés, dont 5 généraux; elle était réduite à environ 16,500 baïonnettes.

*
* *

Deux fois déjà l'assaut avait été décidé; c'était la deuxième fois que les événements venaient entraver la volonté d'agir, et les rigueurs de l'hiver allaient nous amener une autre lutte contre les éléments, avec le froid, la neige, les pluies torrentielles, les ouragans par terre et par mer.

Quand l'unanimité du conseil, réuni chez lord

Raglan, se fut prononcée pour l'ajournement de l'assaut, les généraux en chef résolurent de se retrancher plus solidement encore dans leurs positions défensives, afin de rendre infructueuses toutes les tentatives de l'ennemi et de continuer avec ardeur les travaux d'attaque pour inquiéter et menacer sérieusement la place jusqu'à l'arrivée de nouveaux renforts.

*
* *

Chaque jour et chaque nuit, nos travailleurs rivalisaient d'ardeur et de courage au milieu des projectiles de toute nature dont l'ennemi accablait nos travaux d'approche.

Les Russes avaient établi de nouvelles batteries, et, pour contre-battre le mal que leur faisaient éprouver nos francs-tireurs, ils avaient aussi posté dans les ravins et sous la protection des irrégularités du sol, des tireurs de choix qui venaient hardiment se placer devant nos parallèles.

« L'ennemi, écrivait le général Canrobert, nous a fait éprouver quelques pertes, promptement réparées du reste. Nos francs-tireurs, au nombre de 300, formés avec des chasseurs à pied et des zouaves, sont d'infatigables et terribles soldats.

« Déjà plus de la moitié a été atteinte par le feu de l'ennemi, auquel ils ne permettent pas de repos; mais pour un brave qui tombe, dix demandent à le remplacer. Que de nobles dévouements dans cette race d'hommes, et comme on est fier de les commander! ».

Un pareil hommage rendu si généreusement par le général en chef à l'intrépide valeur de ces soldats d'élite, prouve suffisamment combien ils étaient utiles.

Ces hommes au cœur dévoué, insensibles à la mort, se masquaient derrière des abris élevés à la hâte, en profitant habilement des moindres dépressions du terrain pour s'approcher encore plus près de l'ennemi qu'ils harcelaient sans cesse.

*
* *

Parfois des paniques s'emparaient des assiégés; ils craignaient à tout instant de voir déboucher nos colonnes d'assaut; alors les défenseurs garnissant les remparts commençaient une fusillade générale, pendant que leurs batteries ouvraient un feu d'enfer sur nos tranchées; puis tout s'éteignait, semblable à l'orage qui se calme après la pluie; la nuit retrouvait son obscurité, et le tir reprenait sa marche monotone.

Cependant, dans la nuit du 13 novembre, le feu de l'artillerie russe fut si intense, que l'on put croire à une sortie de la place et à un mouvement de l'armée de secours.

Dans les camps on prend les armes, les postes avancés redoublent de surveillance; le jour survient, et avec lui un ouragan des plus violents.

La pluie, qui tombe à torrents est poussée par un vent furieux : dans les camps, les tentes sont renversées, plusieurs enlevées; les chevaux sont à demi noyés dans les trous qu'on a creusés pour les abriter, des effets de toute sorte tourbillonnent en l'air; chacun se cramponne à ce qu'il peut rencontrer, pour résister à cette tourmente.

Dans les ambulances, les malheureux cloués par la maladie ou par de cruelles blessures, ne pouvant faire aucun mouvement, attendent la mort avec résignation.

Mais en mer le drame est plus terrible encore. Tous nos vaisseaux de combat et de transport peuvent être brisés ou engloutis sous les flots que soulève la plus effroyable tempête qu'on ait jamais aperçue dans la mer Noire.

Le port de Kamiech, quoique abrité, est bouleversé et écumeux. Les navires au fond de la baie inclinent sur les flots leurs mâtures désemparées, et menacent à tout moment de rompre leurs chaînes; des lambeaux de voiles s'élèvent dans les airs.

Un instant l'ouragan paraît se calmer, mais tout à coup le vent, passant du sud-est à l'ouest, redouble de fureur.

Les vaisseaux s'entre-choquent, leurs vergues et leurs cordages violemment enlacés se brisent avec un sinistre fracas; quelques-uns coulent bas et se renversent.

C'est une scène d'angoisse indescriptible, dominée par le sifflement d'un vent furieux, le grondement formidable de la mer et les coups de canon intermittents que tirent au loin les vaisseaux en détresse.

Les escadres cependant souffraient relativement

peu; de grandes avaries eurent lieu seulement parmi les bâtiments de transport et de commerce; plusieurs périrent.

Dans la baie d'Eupatoria nous perdions deux vaisseaux, le *Henry-IV* et le *Pluton*.

Les Anglais, dans la baie de Balaklava, eurent deux bâtiments de transport submergés. Ces navires étaient chargés de vivres, de munitions, d'effets pour l'hiver et de vingt jours de foin.

Dans la baie de Kersonèse ils perdaient un vapeur, et à l'embouchure de la Katcha, où étaient mouillées les flottes, sept ou huit navires de transport vides et une corvette furent jetés à la côte.

Ce sinistre causa la plus vive inquiétude pour les flottes si utiles aux deux armées alliées.

Les généraux en chef et les amiraux se réunirent en conseil et décidèrent de ne laisser sur les côtes de Crimée qu'un petit nombre de vaisseaux à voile solidement amarrés dans les deux baies méridionales de la presqu'île de Kersonèse.

Les vaisseaux à vapeur, pour lesquels le danger était moindre, les couvrirent à l'extérieur; cette force navale était suffisante pour préserver les baies contre les tentatives ennemies et faciliter nos relations avec les divers ports de la Turquie.

* * *

La violence du vent et de la pluie avait aussi causé des dégâts considérables dans nos tranchées.

Toute la journée et toute la nuit qui suivirent, les travaux furent forcément interrompus.

Les terres extérieures, détrempées par les inondations du sol, s'affaissaient et s'entr'ouvraient. L'eau, sur divers points, barrait le passage, et les gardes en avaient jusqu'au genou, surtout dans la partie basse de la deuxième parallèle, qui était entièrement inondée.

Cependant, malgré le vent qui soufflait avec violence, la neige qui tombait à flocons et avait remplacé la pluie, il fallait veiller encore plus attentivement, car l'ennemi, se doutant bien du désordre de nos ouvrages, ouvrait contre nous un feu des plus vifs.

Nos observatoires constataient que dans l'intérieur de la place les Russes travaillaient activement, et les ouvrages défensifs qui s'accroissaient de jour en jour augmentaient encore les difficultés que l'hiver faisait naître.

L'armée de secours du prince Menschikoff demeurait toujours immobile à trois quarts de lieue de nous ; rien n'indiquait qu'il voulût entreprendre quelque attaque, mais elle se couvrait dans ses positions par des travaux défensifs.

* * *

Nous étions maintenant aux prises avec toutes les difficultés de cette audacieuse expédition ; on avait compté sur un siège rapide, et les obstacles s'étaient sans cesse accrus.

L'hiver, si redoutable pour les armées campées, entravait nos travaux, en arrêtait l'exécution et nous forçait à réparer des dégâts constants.

Nos chevaux épuisés traînaient péniblement leurs attelages; quelques-uns s'affaissaient ou expiraient sous le poids du cavalier; mais des renforts nous arrivaient presque par tous les bâtiments, et ces souvenirs vivants de la patrie ranimaient tous les courages.

Jamais armée en campagne ne fut l'objet de soins plus éclairés, d'une sollicitude plus vigilante.

Tous les soldats de Crimée se rappellent avec quelle bienveillante sollicitude le général Canrobert s'occupait d'eux. Son nom est mêlé à toutes les phases difficiles et glorieuses de cette œuvre gigantesque que fut le siège de Sébastopol.

*
* *

A la guerre, la vie en commun, les dangers partagés, établissent entre les chefs et les soldats des liens qui se resserrent chaque jour sous le feu de l'ennemi et font la force et la cohésion des armées.

L'empereur, avec un touchant intérêt, se préoccupait sans cesse de l'armée d'Orient. Pendant le mois de novembre il envoya en Crimée son aide de camp, le général de Montebello, pour distribuer des récompenses si bien méritées, et il donnait au général en chef le droit de faire des promotions jusqu'au grade d'officier supérieur, et jusqu'à celui d'officier dans la Légion d'honneur.

Des milliers de tentes ou de cabanes nous arrivaient, des bâtiments chargés d'habillements d'hiver et de peau de mouton pour nos soldats abordaient à Kamiech; les approvisionnements s'y amoncelaient, et l'armée pouvait recevoir une ration quotidienne de vin et d'eau-de-vie qui contribuait à éviter des maladies et à maintenir les effectifs.

Mais les Anglais étaient loin d'avoir un pareil bien-être; aussi leur armée, tout en montrant le même courage, s'affaiblissait de jour en jour et n'avançait que lentement dans la portion du siège qui lui était attribuée.

De leur côté, les Russes ne tentaient que des reconnaissances qui eussent évidemment tourné en attaques imprévues si la fusillade qu'ils recevaient ne leur avait pas démontré notre vigilance.

Cependant ils cherchaient le côté vulnérable de nos positions, pendant que leurs habiles tirailleurs, embusqués en avant des lignes anglaises, se servaient de la protection naturelle d'un terrain accidenté pour envoyer grand nombre de balles dans l'intérieur de nos tranchées.

Le général Canrobert appela l'attention de lord Raglan sur ce fait, et aussitôt le général en chef anglais donna ordre de déloger l'ennemi et d'occuper ses positions.

---

## CHAPITRE II

SOMMAIRE

*Attaques anglaises prises en partie par les Français.* — Sorties continuelles de la place.

Chaque jour et chaque nuit, c'étaient des combats d'homme à homme avec des luttes contre des éléments que les rigueurs de l'hiver avaient déchaînés. Il faudrait, pour raconter tous ces faits, suivre pas à pas la vie de chacun.

Nos travaux avançaient et menaçaient d'envelopper la place, mais l'ennemi, serré de plus près, devenait encore plus audacieux et plus entreprenant.

Les sorties se succédaient, et les Russes déployaient autant d'activité dans leurs défenses qu'ils en mettaient dans leurs tentatives nocturnes. — Nous touchions à une période qui allait encore ajouter de nouvelles entraves aux difficultés déjà existantes.

Au commencement de 1855, le siège et la défense étaient en présence : l'un formait deux attaques qui marchaient simultanément vers la ville; l'autre, infatigable, résolue, comptait à la fois, pour triompher, sur les surprises d'un très dur hiver en même temps que sur son inépuisable artillerie et sur son ardente activité. Tous ses actes avaient pour but de donner le temps de créer une enceinte de terre et de fer afin de protéger la ville assiégée. — Sur le plateau où étaient campées les armées alliées, le froid, les neiges, la pluie, continuaient à se succéder sans relâche.

Les grandes tentes arrivaient, mais n'étaient pas encore en nombre suffisant pour protéger contre les intempéries toutes les troupes des armées alliées.

Le bois manquait; même, pour en trouver, il fallait creuser le sol et arracher les racines des arbres.

Le service pénible pendant les nuits glacées était un tribut continuel que chacun payait en bravant les épidémies et le feu de l'ennemi.

Les vieux soldats supportaient les misères avec leur résignation accoutumée. Les jeunes arrivant de France, malgré l'énergie qu'ils déployaient, furent cruellement éprouvés par cette surexcitation fébrile qui laissait si peu d'heures au repos, et les vides furent comblés par les envois successifs qui nous venaient de Constantinople. La 7e et la 8e division étaient à peu près complètement débarquées.

* * *

Nous étions bien armés, pourvus de munitions, et notre effectif agissant atteignait 67,000 hommes environ; mais la situation de nos alliés était loin d'être aussi avantageuse.

« L'armée anglaise, écrivait le général Canrobert

au ministre de la guerre, éprouve des privations et de véritables souffrances qu'il n'est pas en mon pouvoir de lui éviter.

« Son effectif réel diminue considérablement, les chevaux de trait et de selle sont très affaiblis, leur nombre est tellement réduit, qu'elle a beaucoup de peine même à faire arriver dans les camps les approvisionnements de bouche. »

D'un autre côté, les espions et les déserteurs disaient chaque jour que l'ennemi attendait de nouveaux renforts, mais que la difficulté des transports, des approvisionnements et des communications à l'intérieur empêchaient momentanément une très grande concentration de forces.

Les maladies minaient l'armée enfermée dans Sébastopol, et l'occupation d'Eupatoria par les troupes turques l'inquiétait; il fallait cependant se hâter, afin de profiter de cette situation favorable pour l'attaque.

Le général Canrobert fit connaître à lord Raglan l'état de ses travaux, l'armement de ses batteries prêtes à ouvrir leur feu, les dangers qui résultaient pour l'armée française de son grand rapprochement de la place ainsi que du développement de ses batteries avancées, mais forcément muettes, à l'exception des batteries de mortier, et il lui demandait où en était l'acheminement de ses attaques contre la ville, ainsi que les moyens dont son armée pouvait encore disposer pour l'œuvre commune.

*
* *

En réponse à ces demandes pressantes, le général Canrobert recevait, le 8 janvier, de lord Raglan et du général commandant le génie anglais, des documents très détaillés d'où il résultait qu'il était nécessaire pour notre armée de prendre à elle seule une partie du siège qui avait été dans le principe désignée pour nos alliés.

Le général Canrobert écrivait à la date du 9 janvier au ministre de la guerre : « Les bras et les bons vouloirs ne manquent pas. Dès que l'état des chemins me le permettra, je m'occuperai directement de cette nouvelle attaque, et ne négligerai rien pour donner à nos alliés un concours sans lequel nos efforts seraient paralysés. »

Il ajoutait quelques jours après : « L'assaut livré par les Français sur la partie de la ville située en face d'eux à l'ouest du port du Sud, ne peut être couronné de succès qu'à la condition d'avoir au préalable éteint le feu des énormes batteries dites de l'Arsenal et du Redan situé à l'est du port du Sud, en face des Anglais ; et cette portion du port est disposée de telle sorte qu'en admettant la réussite de nos colonnes d'assaut et la prise de la ville proprement dite, nous ne pourrions la conserver qu'à la condition de l'enlèvement de cette partie est.

« Tout m'invite, dans l'intérêt de la chose commune, à m'occuper directement, avec le consentement de lord Raglan, des travaux anglais; mais sans le retour du beau temps, cela me sera difficile et même impossible. »

*
* *

Le siège entrait de nouveau dans une période imprévue : il fallait renoncer à l'espoir d'ouvrir le feu contre la place aussi prochainement qu'on l'avait pensé, et il y avait à craindre que les Russes, instruits de l'emplacement de nos batteries toutes armées, ne les écrasassent de projectiles.

Le colonel de Cissey, chef d'état-major du général Bosquet, avait été chargé de régler avec le commandant Vico, officier supérieur détaché près de lord Raglan, le relèvement par les Français des postes qu'occupaient les Anglais sur le terrain d'Inkermann, afin d'alléger tout le fardeau de ce service pour les troupes de nos alliés épuisées et malades.

Le mois de janvier fut signalé par des combats partiels, des luttes rapides, mais sanglantes et opiniâtres.

Chaque jour, un général de tranchée désigné visitait les parallèles les plus avancées et prescrivait la plus active surveillance, — des sentinelles vigilantes veillaient pour découvrir au loin si rien n'annonçait une attaque de l'ennemi sur un point quelconque de nos travaux.

Quoique le froid fût de plus en plus intense, la

garnison redoublait ses sorties presque toutes les nuits, qui se passaient sans trêve ni repos.

Dans la nuit du 14 au 15 janvier, dans celle du 19 au 20, puis le 31 janvier, l'ennemi assaillit nos parallèles, et ces sérieuses attaques se terminèrent par de sanglants combats dans lesquels les pertes furent assez fortes, sans que, de part et d'autre, on eût obtenu des résultats réels.

*
* *

La situation devenait de plus en plus difficile : en France, le doute et l'inquiétude avaient remplacé la confiance aveugle des premiers moments.

Des esprits sérieux se préoccupaient de la gravité toujours croissante de la situation en face de nos tentatives infructueuses, de notre feu inefficace et de l'impuissance momentanée de nos alliés par suite des maladies qui avaient décimé leur armée.

A toutes les questions adressés au général en chef au sujet du siège, soit du cabinet de l'empereur, soit du ministère de la guerre, il répondait :

« Mon objectif est Sébastopol. Quand on a accumulé devant une place de guerre un matériel immense ; quand on manque de moyens de transport, que l'état du sol se refuse complètement à tout mouvement de quelque durée ; que la vie d'une armée est étroitement liée à la présence de ses vaisseaux par la question de subsistances ; quand cette armée opère en plein hiver ; quand des alliés dont elle ne peut pas se séparer sont hors d'état de rien entreprendre, la force des choses la cloue à cet objectif devant lequel elle est attirée.

« Et actuellement les circonstances nous mettent dans l'impossibilité d'attaquer l'armée de secours, en abandonnant nos vaisseaux, notre port et nos moyens d'existence. »

Tel était le côté vrai de la situation : toute opération extérieure devenait impossible dans les conditions présentes, il fallait attendre le retour d'une saison favorable, et avec elle des renforts considérables que les deux nations annonçaient à l'armée expéditionnaire.

---

## CHAPITRE III

SOMMAIRE

*Attaque sur Malakoff.* — Arrivée du général Niel. — Nouvelles dispositions prises. — Les attaques de droite confiées au général Bosquet.

Le général Niel, aide de camp de l'empereur, auquel l'expédition de Rome et la prise de Bomarsund avaient donné une grande notoriété, était arrivé en Crimée.

Le général en chef, après l'avoir accueilli avec une réelle satisfaction, écrivit au ministre de la guerre à la date du 3 février : « Le général Niel n'a cessé d'étudier de près la place, qui, dans son immense étendue, tient de la ville forte et du camp retranché. Il a pu, avec son expérience, apprécier toutes les difficultés et l'accroissement que ces difficultés ont apporté à l'affaiblissement si regrettable de l'armée anglaise, avec laquelle nous avons commencé à faire le siège de Sébastopol. »

Et après un examen sérieux de nos attaques l'opinion du général Niel fut invariablement fixée.

Jamais, selon lui, un siège n'avait été entrepris dans des conditions plus défavorables.

Outre les grands approvisionnements de l'artillerie et munitions accumulées dans les magasins de Sébastopol depuis soixante-dix ans, les défenseurs pouvaient disposer des canons de la flotte, servis par de nombreux et excellents canonniers de la marine.

De plus, l'armée de secours était en communication permanente avec la place.

La garnison et les travailleurs se trouvaient sans cesse renouvelés, — en cas d'assaut c'était l'armée russe tout entière, appuyée par une puissante artillerie, que l'on pouvait avoir à combattre.

En supposant même que l'on parvînt à s'emparer du bastion du Mât, il était à craindre qu'il ne fût impossible d'entrer dans la ville, dont les rues barricadées étaient défendues par de nombreuses batteries.

Maître de la place, on y était plongé et couronné par les forts du nord et les batteries inférieures. Le siège était donc loin d'être terminé.

L'investissement pouvait seul mettre fin à cette situation difficile, mais il était impossible de l'entreprendre dans les conditions actuelles.

Et le général Niel concluait que, quel que fût le parti que l'on prendrait au sujet de l'investissement, malgré le danger d'étendre encore sur la droite des cheminements déjà si développés, il fallait attaquer la place du côté de Malakoff; — c'était une nouvelle complication, au milieu des neiges et des ouragans que nous avait apportés l'hiver.

*
* *

A la suite d'un conseil présidé par le général Canrobert, dans lequel le général en chef fit prévaloir son opinion, il fut décidé que des travaux d'approche dirigés par le général Bosquet seraient exécutés devant la tour Malakoff afin de pouvoir attaquer par ce point dominant le faubourg de Karabelnaia, au moment où l'assaut serait donné à l'ouest.

Dès le 7 février, après avoir établi les bases des premiers travaux, 1,200 travailleurs furent mis à l'œuvre, et pendant qu'ils commençaient à tracer les communications et à élever des épaulements, on transportait des boulets, des fusées incendiaires et tous les objets nécessaires à la construction projetée de deux nouvelles batteries : l'une au point de jonction de nos travaux avec ceux des Anglais, l'autre sur le versant est des batteries du Carénage.

L'intérêt réel de la situation allait se porter sur la nouvelle attaque que nous avions entreprise, et les Russes eux-mêmes, se voyant plus étroitement serrés sur tous ces points, tournaient de ce côté leur activité et leurs préoccupations.

C'était à l'attaque de Malakoff que devaient se passer à l'avenir les principaux événements du siège; les travaux exécutés dans le principe pour faire une diversion allaient devenir forcément l'attaque principale.

*
* *

L'empereur venait de donner à l'armée d'Orient une nouvelle organisation : il l'avait constituée définitivement en deux corps qui n'avaient été jusqu'alors que provisoirement établis.

Le général Pélissier, appelé d'Afrique, reçut le commandement du 1er corps, attaché à l'attaque de gauche; il était composé des divisions Forey, Levaillant, Paté et de Salles.

Le 2e corps, sous le commandement du général Bosquet, comprenait les 1re, 2e, 3e et 4e divisions, généraux Bouel, Camou, Mayran et Dulac.

Ce 2e corps restait aussi corps d'observation et avait en outre l'exécution des travaux de l'attaque Malakoff.

La garde impériale, commandée par le général Regnault de Saint-Jean-d'Angély, et la 9e division, général Brunet, devaient, à leur arrivée, être établies près du grand quartier général, dans une position centrale qui leur permettrait de se porter, selon les événements, sur tel ou tel point menacé.

Ces renforts n'avaient pas encore quitté la France : la garde n'arriva à Constantinople que le 1er mars seulement.

Notre armée de Crimée se composait alors de 80,000 hommes, y compris les Anglais. Celle des Russes, tant dans la ville que sur les différents points de la Crimée, d'environ 149,000 hommes.

Dans le courant de février, le temps était devenu moins dur; quelques beaux jours vinrent redonner de l'espérance et de la gaieté ; on pensait que le feu allait enfin s'ouvrir d'une façon définitive.

A la date du 15 février, le général en chef écrivait :

« J'espère que dans peu de jours nous serons prêts et que nos alliés le seront aussi. »

*
* *

Cet espoir fut de bien courte durée. Par ordre du général en chef, le général Bosquet devait, dans la nuit du 19 au 20 février, déloger un corps de 5,000 Russes qui occupait le village de Tchorgoun, sur la rive droite de la Tchernaia ; il disposait de la brigade de chasseurs d'Afrique, de la 1re division et d'une brigade de la 2e.

Mais une tourmente de neige poussée par un vent des plus violents l'obligea de se replier, et les troupes, après s'être égarées pendant une partie de la nuit, rentrèrent à leur bivac à 6 heures du matin, retrouvant à peine leurs tentes ensevelies, sous la neige.

Ces ouragans avaient surtout pour nos travaux d'approche des conséquences funestes : ils en paralysaient l'exécution et soumettaient encore les troupes épuisées par des fatigues excessives à de nouvelles et redoutables épreuves.

Toutes les nuits il se produisait dans les tranchées des cas de congélation.

*
* *

Les Russes avaient attaqué sans succès Eupatoria défendu par les Turcs, et, très inquiets de nos préparatifs contre la tour Malakoff, ils commencèrent à l'extrémité du Carénage un ouvrage de campagne auquel, sous la protection d'un système d'embuscades, ils purent dans une nuit donner un relief suffisant.

Le général Bosquet, chargé de les enlever dans la nuit du 23 au 24 février, désigna pour cette opération deux bataillons du 2e zouaves à 500 hommes chacun, un bataillon du 4e de marine, un bataillon du 6e de ligne et un du 10e.

Le général Mayran, commandant la 2e division du 2e corps, dirigeait l'attaque, dont le commandement direct fut confié au général de Monnet.

A minuit, la colonne d'attaque prenait dans les tranchées ses positions de combat; l'ordre était donné de n'occuper les ouvrages de l'ennemi que pour bouleverser ses travaux; on devait les abandonner en laissant l'initiative de cette mesure au commandant des troupes engagées.

L'ennemi tint bon : en avant de l'ouvrage il avait déployé une longue ligne de petits postes établis derrière un mur que bordait une partie de la route de Sébastopol, vers l'endroit où cette route traverse une dépression du sol.

L'attaque se fit sur trois colonnes : le général de Monnet, blessé grièvement par trois coups de feu, s'élança néanmoins sur la redoute à travers les projectiles ennemis. Nos pertes furent sensibles, celles des Russes considérables. Cependant le résultat obtenu laissait à désirer; de fortes réserves placées en arrière de l'ouvrage empêchèrent de le détruire tout à fait.

Les Russes, pendant le combat, avaient transporté tous leurs travailleurs vers Malakoff, et des travaux très importants de contre-approche s'exécutaient dans le bas du plateau d'Inkermann, entre le port et la baie du Carénage.

La configuration du terrain, très favorable à l'ennemi, lui permettait d'élever sur tous les versants de nombreuses et habiles défenses.

Il fallait donc se hâter, si on ne voulait pas voir surgir encore des obstacles plus insurmontables.

# CHAPITRE IV

SOMMAIRE

*Mort de l'empereur Nicolas.* — Nouveaux retards apportés par les Anglais. — L'ouverture du feu du 3 avril. — Assaut différé.

Le général Niel, envoyé d'abord provisoirement en Crimée, fut nommé commandant en chef du génie de l'armée, et l'empereur annonçait lui-même son arrivée prochaine.

La division égyptienne d'Omer-Pacha, depuis deux mois à Constantinople, était attendue; le général turc, avec 22,000 hommes, apportait sa coopération à l'attaque de vive force contre Sébastopol, et 30,000 hommes devaient être transportés à Eupatoria, base d'opération pour les mouvements stratégiques ultérieurs.

L'empereur Nicolas mourut le 2 mars. C'était un événement de la plus grande importance, qui pouvait mettre fin à la guerre. Dès que cette nouvelle fut connue dans les camps, la première impression fut un sentiment d'inquiétude; on craignait qu'elle n'arrivât trop tôt pour suspendre le siège et arracher à cette armée si rudement éprouvée le prix de ses constants efforts.

Néanmoins les travaux d'approche se continuaient avec activité, et le 12 mars le général Canrobert prévenait lord Raglan qu'il était en état d'ouvrir le feu; mais nos alliés n'étaient pas encore prêts; aussi écrivit-il au ministre de la guerre, à la date du 17 : « Nos batteries présentent le chiffre énorme de près de 500 bouches à feu, et j'attends depuis le 14 que les Anglais soient prêts. »

Le 20 mars il écrivait :

« Les Anglais ne peuvent encore me dire quand ils seront prêts. Ce retard est d'autant plus funeste que l'ennemi en profite pour augmenter chaque jour la force de ses ouvrages et en ajouter de nouveaux avec une habileté très remarquable. »

De jour en jour la situation devenait plus tendue.

« Hier, écrivait encore le général Canrobert à la date du 23, j'ai pressé lord Raglan aussi vivement que les circonstances le permettaient. Je n'ai pu obtenir de réponse positive. »

Des dangers continuels menaçaient aussi notre attaque Malakoff, qui était forcément entraîné dans de nouveaux développements de batterie et de tranchées.

Le prince Gortchakoff venait de remplacer le prince Menschikoff, et dans la nuit du 22 au 23 une nouvelle tentative des Russes contre cette attaque fut confiée au général Krouleff.

Ce général disposait de onze bataillons et d'un détachement du 35e équipage. Cette sortie, une des plus hardies que les Russes aient faites pendant le siège, fut vigoureusement repoussée par le général d'Autemare. Nous eûmes 12 officiers tués, 12 blessés, 4 disparus, 502 hommes hors de combat, 83 disparus.

*
* *

Les prévisions du général en chef sur la gravité de la situation ne tardèrent pas à se réaliser. Les Russes, auxquels on laissait un temps précieux, agglooméraient défenses sur défenses, et de puissantes réserves étaient prêtes à protéger leurs nouveaux ouvrages.

« Du côté de nos attaques nouvelles, écrivait le général Canrobert à la date du 31 mars, toute tentative, soit de notre part, soit de la part de l'ennemi, doit amener des combats sérieux, et pour faire face à ces éventualités, j'ai dû renforcer le 2e corps : chaque soir deux bataillons de la réserve viennent prendre position près de lui.

« J'ai l'espoir, ajoute le général, que les Anglais seront prêts à ouvrir le feu dans les premiers jours de la semaine prochaine; ce feu pourra être soutenu sans discontinuer pendant dix ou douze jours : il facilitera le cheminement des alliés vers la place, diminuera les difficutés que nous présente l'enlèvement de vive force de certaines approches, et son effet permettra à une ou deux colonnes d'assaut de se loger sur quelques point, de Sébastopol et d'y planter notre drapeau. »

Les choses en étaient là quand il fut décidé, de concert avec l'armée alliée, que le feu serait ouvert le 9 avril sur toute la ligne des attaques.

Six mois avant, le 9 octobre 1854, les premiers coups de pioche de nos travailleurs abordaient le plateau.

* * *

Pendant la nuit, tous les préparatifs sont faits au siège de gauche; — trois cents bouches à feu sont dirigées contre la place dans toutes les directions, dont cinquante pour l'attaque Malakoff; — les Anglais, contre le grand Redan, en avaient près de cent.

La nuit est pluvieuse; à 5 heures du matin les premiers coups de canon partent du centre; toutes les bouches à feu des trois attaques y répondent à la fois.

Le ciel est sombre, le jour triste, un épais brouillard voile l'horizon; le vent vient du sud et emporte avec lui vers la ville assiégée les détonations formidables de notre artillerie.

Le brouillard se lève; la ville disparaît sous un nuage de fumée.

A 2 heures, notre feu a acquis une supériorité réelle; déjà notre brèche est pratiquée dans le mur crénelé; partout les bastions ennemis portent la trace de nos projectiles, mais la pluie qui détrempe les terres nous a causé dans plusieurs batteries de véritables dégâts.

Les tranchées sont presque devenues impraticables, l'eau par endroits s'y agglomère en flaques profondes.

Parfois les batteries russes font un feu tellement irrégulier que l'on serait tenté de les croire réduites au silence; mais tout à coup elles se réveillent et lancent des salves foudroyantes.

Dès le soir de la première journée, plusieurs embuscades ennemies doivent être enlevées pour permettre au génie d'envelopper une portion du cimetière, que domine la crête du ravin en avant de la ville.

Le mauvais temps fait remettre ce projet au lendemain.

Le lendemain soir, les embuscades sont attaquées vigoureusement; les réserves russes signalées sur plusieurs points obligent à retirer nos travailleurs pour éviter qu'ils ne soient tournés.

Le feu continue dans les conditions les plus difficiles. Toutes les nuits, ce sont des combats qui prennent des proportions sérieuses. Il est cependant indispensable que nous soyons maîtres absolus de la portion de terrain qui domine nos attaques.

*
* *

Dans la journée du 11 avril, une conférence a lieu entre le général en chef, les commandants de corps et les généraux chefs de service. Après avoir visité les tranchées, examiné l'importance des résultats obtenus, ils décident que les opérations à exécuter seront divisées en deux attaques distinctes, l'une comprenant les travaux vers le cimetière, l'autre en avant de cette partie de nos approches appelées T.

Chacune sera commandée par un général qui

pourra donner une impulsion unique et surveiller le mouvement des bataillons engagés.

L'attaque de gauche est confiée au général Breton, celle du T au général Rivet.

Ces deux attaques, énergiquement enlevées par ces deux chefs expérimentés et habiles, obtiennent des résultats considérables.

Les abris derrière lesquels se tiennent des tireurs adroits, placés à 50 ou 60 mètres de nos tranchées, sont détruits, — un grand nombre de tonneaux, de sacs de terre, d'outils trouvés sur le terrain, démontrent clairement que toutes ces embuscades reliées entre elles devaient former plus tard un front bastionné.

*
* *

Tous ces événements se produisent pendant que chaque jour nos batteries continuent leur feu régulier contre la place, et ce duel d'artillerie a déjà inscrit parmi nos morts des noms chers à l'armée.

Le général Bizot, blessé mortellement, meurt des suites de ses blessures; sa mort cause une affliction profonde. — Le même jour, on enterre le commandant du génie Masson, et plusieurs officiers du génie tombent blessés grièvement non loin de leur général.

Devant les batteries du Mât, nos mines ont creusé des fosses de 4 à 5 mètres; on cherche à relier la droite de la troisième parallèle au fossé le plus rapproché, mais un sol rocheux rend difficile ce travail, qui s'exécute sous le feu des batteries de la place, dont nous sommes éloignés de 70 mètres.

Les blocs de pierre qui encombrent le sol et les difficultés du terrain lui-même ne permettent pas d'établir la communication projetée avec nos tranchées. L'ordre est donné d'avancer les nouveaux travaux qui ne présentent pas un abri suffisant.

Ces opérations s'exécutent à l'attaque de gauche, sous la protection du feu de notre artillerie.

A l'attaque Malakoff comme à celle des Anglais, aucun événement important ne se produit ; on a continué et perfectionné les travaux, tout en entretenant le tir régulier des batteries selon les instructions prescrites.

*
* *

En face des obstacles et des difficultés qui surgissent à chaque pas, en occasionnant des retours forcés, on doute de nouveau de la réussite du siège direct.

Le général Niel déclare toujours que sans l'investissement on ne peut pas répondre du succès et que les assauts seront dangereux et hasardeux.

Cependant avec une armée aguerrie et un moral aussi excellent, souvent bien des entreprises qui paraissent impossibles réussissent. Il eût été regrettable, après tant de sang versé, en face de tous les travaux exécutés, de ne pas tenter l'effort suprême qui devait conduire au dénouement, et on doit à la constante persévérance du général Canrobert, luttant sans cesse contre le découragement qui se manifestait, d'avoir maintenu dans son armée la confiance, premier gage du succès.

# CHAPITRE V

SOMMAIRE

*L'empereur annonce son arrivée en Crimée.* — Projets d'opérations extérieures. — Opposition des Anglais. — L'assaut est proposé, accepté, puis de nouveau ajourné.

Les raisons impérieuses qui attachaient nos troupes au rivage disparaissant avec l'hiver, l'empereur avait annoncé son arrivée en Crimée et devait prendre le commandement en chef d'un corps d'armée agissant à l'extérieur.

Mais ce projet était subordonné aux éventualités de l'ouverture du feu et aux conséquences qui pouvaient en résulter; il fallait profiter de tous les événements favorables, sans rien laisser au hasard.

*
* *

Le temps s'écoule, et cependant le génie n'avance que lentement, au prix des pertes les plus cruelles, et l'artillerie commence aussi à reconnaître qu'elle ne peut pas éteindre le feu de la place.

Le général en chef réunit en conseil les commandants de corps et les généraux des armes spéciales pour leur faire part des instructions qu'il a reçues; de ce conseil sort la résolution d'une attaque qui rendra nécessaires nos approches sur la ville.

Lord Raglan, qui s'était prononcé pour l'assaut, combattit vivement le projet d'une expédition à l'extérieur.

« Les travaux de nos alliés les ont tellement engagés avec l'ennemi, écrivait le général Canrobert à la date du 24 avril, que l'assaut sera donné dans quatre ou cinq jours, à moins de ces événements imprévus inhérents à l'état de la guerre.

« Nous aurions désiré retarder cette opération jusqu'à l'arrivée en Crimée de l'armée de réserve, mais nous sommes tellement rapprochés des Russes qu'il y aurait danger à attendre, d'autant plus que l'armée ennemie reçoit journellement des renforts.

« Nos soldats demandent l'assaut. Les chefs de nos deux corps d'armée sont unanimes. Lord Raglan est de leur avis. J'ai pensé que mon devoir était de m'y joindre. »

*
* *

Le général Pélissier, aux attaques de gauche, avait déjà reconnu les emplacements destinés à établir les colonnes d'assaut :

1° En face de la grande brèche du mur crénelé;

2° Devant le bastion central;

3° En face du bastion du Mât, et enfin un autre emplacement en arrière pour tenir à portée de puissantes réserves.

A droite, le général Bosquet devait attaquer le mamelon Vert et les ouvrages blancs situés en avant de Malakoff, dominant le ravin du Carénage.

Les précautions ainsi prises, l'assaut allait être décidé, quand une dépêche télégraphique du ministre de la marine annonçant l'arrivée de toute l'armée de réserve dans les premiers jours de mai vint encore retarder cet événement.

*
* *

C'est au milieu de toutes ces complications que l'on arrêta l'expédition de Kertch, combattue d'abord par lord Raglan, qu'il acceptait alors, ainsi que les amiraux Lyons et Bruat, qui voyaient leur flotte sortir enfin de l'inaction pour prendre une part active aux opérations de guerre.

Ces dispositions cependant plaisaient moins au général Canrobert, auquel elles enlevaient les vaisseaux, dont le concours pouvait être très utile au transport des troupes de Constantinople à Kamiech; on attendait aussi une division qui devait attaquer à l'extérieur.

Lord Raglan et les amiraux insistaient.

Le général Canrobert, désirant conserver la bonne harmonie entre les chefs des armées alliées, dut céder, et l'expédition de Kertch fut arrêtée.

Les troupes françaises étaient commandées par le général d'Autemare, les troupes anglaises par le général Brown, auquel l'ancienneté donnait le commandement de l'expédition, paraissant devoir être de courte durée.

# CHAPITRE VI

SOMMAIRE

*Expédition de Kertch.* — L'empereur doit prendre le commandement en Crimée. — Nouveau plan projeté. — Le général Canrobert remet le commandement au général Pélissier.

La première expédition de Kertch était partie; les vapeurs avaient pris la mer le 30 avril au soir, mais le lendemain matin une dépêche télégraphique adressée du cabinet de l'empereur disait au général en chef :

« Au reçu de cette dépêche réunissez toutes vos ressources pour vous préparer à attaquer l'ennemi extérieurement; concentrez immédiatement toutes vos forces, même celles qui vous arrivent de Constantinople. »

Le général Canrobert se rendit aussitôt chez lord Raglan et lui fit comprendre que, devant un ordre aussi positif de son souverain, il ne pouvait pas laisser éloigner une partie de ses troupes ou de ses transports.

Lord Raglan insista pour que l'expédition continuât son cours. Cependant le général Canrobert, en raison de ses instructions si précises, rappela le général d'Autemare et le vice-amiral Bruat.

A partir de cette époque, il exista une certaine

froideur entre les généraux en chef, qui avaient été jusqu'alors assez d'accord.

L'amiral Bruat reçut l'ordre positif de revenir immédiatement vers Sébastopol ; un vapeur anglais apportait peu après le même ordre à l'amiral Lyons.

*
* *

Le général Canrobert s'empressa d'appeler à lui toutes les troupes stationnées autour de Constantinople sous le commandement du général Regnault de Saint-Jean-d'Angély. Les bâtiments de transport disponibles furent dirigés sur le Bosphore pour activer les embarquements.

Au même moment, le général de La Marmora, commandant en chef l'armée sarde, débarquait à Kamiech avec 4,000 Piémontais, premier convoi d'un corps expéditionnaire de 15,000 hommes qui, par suite d'un traité avec la Sardaigne, venait renforcer l'armée alliée.

Ce corps auxiliaire, placé sous les ordres de lord Raglan, devait se réunir à l'armée anglaise.

*
* *

L'empereur, d'accord avec le gouvernement anglais, en venant prendre le commandemant des troupes de Crimée, avait l'intention de partager nos forces en trois armées :

La première armée, destinée à garder Kamiech pour bloquer la garnison de Sébastopol;

La deuxième devait opérer à une petite distance de Balaklava et s'emparer au besoin des hauteurs de Mackensie;

La troisième, réservée pour faire une diversion, débarquerait à Aloutcha pour se diriger sur Simphéropol et combiner son action avec celle des deux autres.

Mais le résultat équivoque des conférences de Vienne, suspendues le 12 avril, et la pressante sollicitation du gouvernement français entravèrent les projets de voyage de l'empereur; — le nouveau plan d'opération, qui avait pour but de couper les communications de l'armée ennemie et de l'obliger à diviser ses forces en l'attaquant sur plusieurs points, devait recevoir de la part des Anglais une très vive opposition.

Le général Canrobert ne se le dissimula pas; dans ces graves circonstances on déplora l'absence d'un généralissime, homme éminent ayant une expérience incontestable et une haute autorité sur les deux armées, pour dominer cette situation compliquée.

*
* *

Lord Raglan, qui était cependant si opposé au projet d'investissement à l'intérieur, aurait désiré, de concert avec Omer-Pacha, opérer par Eupatoria. Mais les inconvénients de ce mouvement étaient évidents, et les généraux alliés durent se rendre aux justes observations du général Canrobert.

Alors une nouvelle difficulté survint dans le conseil : la route d'Aloutcha à Simphéropol paraissait trop en l'air à lord Raglan; celle de Baidar à Baktchi-Seraï lui semblait préférable; enfin le général en chef anglais, ne cédant que de guerre lasse et sans conviction, trouvait moyen de faire de l'opposition dans toutes les questions de détail.

Avec les hasards d'un assaut général, avec la menace perpétuelle de la partie nord de la ville, que nos attaques ne pouvaient envelopper et qui nous échapperait toujours, le général Canrobert, après tant d'espérances déçues, tant d'événements imprévus et contrariés, attachait à l'opération projetée une importance si capitale pour le succès de la campagne, que, faisant sans hésitation le sacrifice de sa personnalité, il proposa à lord Raglan de lui laisser le commandement supérieur et pria avec instance Omer-Pacha d'agir comme lui.

Lord Raglan, après quelques hésitations, finit par accepter l'offre si désintéressée du général Canrobert, mais il demandait que les troupes françaises se chargeassent d'occuper et de défendre les tranchées anglaises. Cette nouvelle proposition était inadmissible. Le général en chef français la refusa.

Deux conférences, qui durèrent près de sept heures, ne purent rompre les répugnances du général anglais pour le plan projeté, et son refus formel d'y coopérer vint briser les bonnes relations qui s'étaient déjà refroidies entre les chefs des armées alliées.

*
* *

Ce fut à la suite de ce déplorable incident que le général Canrobert prit la résolution de résilier son commandement entre les mains du général Pélissier, désigné pour le remplacer dans le cas d'un événement imprévu.

Avant l'arrivée du général Pélissier, le général Bosquet devait prendre le commandement.

Le général Canrobert descendit du pouvoir avec la dignité et la grandeur d'âme qui étaient le fond de son noble caractère, et demanda à l'empereur comme unique faveur de reprendre à l'armée de Crimée le commandemement de son ancienne division, afin d'y conserver un rôle de combattant.

Ce mémorable événement impressionna vivement l'armée, qui avait pour le général en chef la plus respectueuse admiration, en lui une confiance absolue. Tous accueillirent avec une profonde émotion les adieux de ce jeune général se sacrifiant si noblement pour éviter un conflit qui pouvait, dans l'intérêt commun, avoir des conséquences funestes.

« Celui qui va vous commander, disait le général Canrobert, est déjà connu de vous par ses grands services militaires. Je remets entre ses mains une belle et vaillante armée qu'il conduira à la victoire, et vous accorderez tous à mon successeur ce fidèle et infatigable appui qui a fécondé et soutenu mes efforts pendant les différentes épreuves que nous avons traversées ensemble.

« Pour moi, j'ai demandé et je demande au nouveau général, non l'honneur du commandement important d'un corps d'armée pour lequel Sa Majesté a bien voulu me désigner, mais celui de prendre ma place de combattant à la tête d'une division. »

---

# CHAPITRE VII

SOMMAIRE

*Le général Pélissier a succédé au général Canrobert.* — Le plan d'investissement est abandonné. — L'expédition de Kertch. — Attaque de vive force.

Le nouveau général en chef, afin de maintenir la bonne harmonie entre les deux armées, dut renoncer au projet du général Canrobert, dont les avantages étaient incontestables, puisque nous obligions les Russes à diviser leurs forces en les inquiétant sur bien des points à la fois. On constituait trois fortes armées pouvant se suffire à elles-mêmes, opérant avec un plan d'ensemble parfaitement arrêté; mais pour réussir il fallait que le commandement fût confié à un généralissime ayant sous son commandement des troupes homogènes possédant le même élan, le même esprit, la même manière de voir, la même façon de combattre.

Il n'en était pas ainsi dans l'armée alliée : les Français, ardents à la lutte, avides de changement et d'imprévu, auraient entrepris gaiement à l'extérieur cette campagne qui allait rompre la régularité de leur vie monotone rendue si énervante pendant le rude hiver que nous avions subi; mais les Anglais, lourds, pesamment outillés, traînant avec eux un matériel considérable, braves sans entrain, préféraient le séjour des camps permanents, où ils essayaient déjà de se donner un confortable souvent nuisible aux armées qui doivent lutter sans cesse.

Avec le caractère si différent des deux nations, l'opposition qui s'était manifestée chez les Anglais, il eût été à craindre que les retards et les lenteurs apportées par eux ne vinssent faire échouer ces bonnes combinaisons.

* * *

Dans le nouveau plan, l'expédition de Kertch retrouvait naturellement sa place. Le général en chef de l'armée anglaise y tenait beaucoup. Les amiraux, désireux de reprendre la mer, la demandaient avec instance, et elle fut décidée pour la fin du mois.

Le corps expéditionnaire se composait de 7,000 Français avec trois batteries, sous le commandement du général d'Autemare; de 3,000 Anglais avec une batterie, sous les ordres de sir George Brown, et de 5,000 Turcs empruntés à l'armée d'Omer-Pacha.

L'effectif de l'armée de Crimée s'était sensiblement augmenté. Outre les Sardes, le corps de réserve appelé de Constantinople avait débarqué à Kamiech le 18 mai.

Le général Regnault de Saint-Jean-d'Angély en gardait le commandement.

Le général de Salles avait remplacé à la tête du 2e corps le général Pélissier, nommé général en chef.

*
* *

Mais pendant que ces graves événements préoccupent les armées alliées, les Russes ne perdent ni jours ni nuits pour augmenter leurs défenses et combattre la gauche des approches, qui les inquiètent par leur aspect sérieusement menaçant.

Le 22 mai, le général de Salles reçoit l'ordre d'enlever, pendant la nuit du 22 au 23, les ouvrages considérables sur lesquels les Russes comptaient pour entraver nos attaques.

La légion étrangère et le 10e bataillon de chasseurs à pied, ayant en réserve un bataillon du 18e et deux des voltigeurs de la garde, sont désignés pour cette opération.

Le général Paté, qui a visité avec soin les tranchées, commande ces troupes d'attaque et a sous ses ordres les généraux de Lamotte-Rouge et Brunet.

La lutte est acharnée de part et d'autre ; ce sont des assauts impétueux, des luttes désespérées auxquelles le jour seul peut mettre un terme.

Dans la nuit du 23 au 24, un nouveau combat nous assure la conquête de ces positions vaillamment disputées la veille.

Des bataillons du 46e, du 98e, du 14e et du 80e tournent et envahissent des positions que les Russes ne défendent que faiblement.

Bientôt toute la ligne des embuscades de l'ennemi est à nous, et l'ouvrage considérable sur lequel il comptait pour entraver nos attaques tombe en notre pouvoir.

Les pertes sont sensibles; le 25, le général russe Osten Sachen demande un armistice pour enlever les morts; nous remettons à l'ennemi plus de 1,200 cadavres.

* *

Pendant que, le 22 mai, nos troupes se préparent à l'attaque des positions ennemies, les corps désignés pour l'expédition de Kertch s'embarquent dans le port de Kamiech; le 24 au matin, la petite flottille double le cap Takle, derrière lequel une sinuosité de la côte forme une petite baie choisie comme point de débarquement.

A 3 heures et demie, les troupes alliées sont toutes à terre. Les Russes abandonnent une position qu'ils ne peuvent plus défendre, font sauter toutes leurs batteries et ruinent leurs ouvrages.

Nos vapeurs pénètrent dans la mer d'Azoff, poussent devant eux des centaines de vaisseaux marchands qui se sauvent à toutes voiles; plusieurs sont capturés.

L'armée débarquée est formée en colonne par bataillons, prête à se porter en avant; le lendemain, au point du jour, elle passe devant Kertch sans y pénétrer, et atteint avant midi la petite ville d'Iénikalé, où elle s'établit solidement.

Pendant ce temps, la flotte parcourt dans tous les

sens la mer d'Azoff et fait subir aux Russes des pertes considérables.

Genitchechst, Mariapoul, Berdiansk, Taganrog, brûlent avec leurs immenses approvisionnements. Il ne reste plus qu'Anopa qui peut présenter une résistance sérieuse. Mais les Russes l'abandonnent aussi, après l'avoir démantelée.

L'expédition est terminée en atteignant son but.

# CHAPITRE VIII

SOMMAIRE

*Établissement d'un corps d'observation sur la Tchernaia.* — Mamelon Vert. — Ouvrages blancs.

Notre armée principale, depuis longtemps acculée sur le plateau dévasté de la Kersonèse, manquait d'air, d'eau, de bois et d'espace; avec les premiers beaux jours on reconnut la nécessité de s'étendre.

La plaine de la Tchernaia présentait un vaste tapis de verdure qui devait être d'un grand secours pour refaire notre cavalerie épuisée par les intempéries de l'hiver.

Il était important aussi de reconnaître les positions de l'armée de secours pour l'obliger à la retraite.

Le 24 mai, il fut résolu que l'on camperait sur les bords mêmes de la Tchernaia; le général Canrobert reçut du général en chef le commandement de cette opération.

Un petit corps composé des divisions Canrobert et Brunet et des divisions de cavalerie d'Allonville et Morris avec cinq batteries d'artillerie de la réserve, se mit en marche à minuit pour se concentrer dans la plaine de Balaklava.

La nuit était claire et calme; nos colonnes descendirent la colline, puis se massèrent peu à peu dans la plaine, ayant en avant d'elles les feux des avant-postes russes.

A huit heures du matin, l'ennemi, sans combattre, s'était replié, et nous occupions toute la rive gauche de la Tchernaia jusqu'à Tchorgoun, où s'établirent nos grand'gardes.

Le général Canrobert, après avoir accompli sa mission, remit au général Morris le commandement que son ancienneté l'appelait à exercer, et le 8 juin le général reçut l'ordre de faire, avec une division d'infanterie et sa division de cavalerie, une reconnaissance sur Baïdar. Nulle part il ne rencontra l'ennemi.

*
* *

Au siège, le général Pélissier, d'accord avec lord Raglan, se préoccupait de l'attaque du mamelon Vert, redoute importante en avant de Malakoff, dont les feux, en causant un grand mal aux Anglais, gênaient leur attaque sur le grand Redan.

Il fut arrêté entre les généraux en chef que l'on s'emparerait en même temps du mamelon Vert et des ouvrages construits par les Russes les 22 et 27 février, appelés par nous *ouvrages blancs,* pendant que les Anglais de leur côté envahiraient l'ouvrage dit des *Carrières.*

Le général Niel maintenait ses appréhensions et ne voyait de succès que dans l'investissement.

Cependant, tandis que l'expédition de Kertch

portait un coup sérieux aux Russes dans la mer d'Azoff, en détruisant une grande partie de leurs approvisionnements, notre armée s'était déployée sur la Tchernaia et avait étendu ses positions vers la droite au delà de Tchorgoun, dont les hauteurs occupées par les Sardes formaient l'extrême droite de l'armée alliée.

Des lettres interceptées à Kertch faisaient connaître que la garnison de Sébastopol souffrait beaucoup, que notre bombardement y causait des pertes plus sensibles que ne le disaient les rapports russes, qu'en outre les maladies, le choléra surtout, y faisaient de grands ravages.

Le moment paraissait donc favorable pour tenter à nos attaques de droite un coup décisif, mais les parallèles les plus avancées se trouvaient encore à 300 ou 400 mètres du mamelon Vert, et cette formidable redoute était couverte par deux lignes d'embuscades reliées entre elles.

* * *

Enfin un grand conseil auquel prirent part les généraux en chef des deux armées et les commandants de corps, sous la présidence du général Pélissier, décida l'attaque pour le 7 juin. On devait attaquer seulement le mamelon Vert et les ouvrages blancs, mais tenter l'assaut sur le bastion de Malakoff.

Les détails d'exécution sont confiés au général

Bosquet, dont la haute expérience était bien connue, et l'énergie très éprouvée.

Le 6 à la pointe du jour, et pendant toute la journée du 7 jusqu'à l'heure fixée pour l'engagement, nos batteries ouvrent un feu soutenu contre les ouvrages ennemis sur toute la ligne de nos attaques.

Toutes les dispositions sont prises par le général Bosquet, et nos troupes attendent avec anxiété; le feu ouvert depuis vingt-quatre heures fait présager l'attaque sérieuse qui va avoir lieu.

Les 2e, 3e, 4e et 5e divisions du 2e corps, désignées pour combattre, sont commandées par les généraux Camou, Brunet, Dulac et Mayran, hommes énergiques, entreprenants, et dans lesquels les soldats ont pleine confiance.

A trois heures et demie, le général Bosquet parcourt les camps, fait masser les troupes, leur adresse quelques entraînantes et chaleureuses paroles comme il savait les dire dans les circonstances solennelles, et on lui répond par des hourras belliqueux qui parviennent jusqu'aux Russes.

A quatre heures, les colonnes d'assaut se mettent en marche, profitant des ravins contournés du Carénage pour se rendre à leurs postes de combat. Elles peuvent y arriver sans que l'ennemi soit prévenu de leur présence.

Les troupes, confiantes et animées d'une vaillante ardeur, attendent impatiemment le signal.

Le général Bosquet réunit encore une fois ses généraux et leur donne des instructions bien précises pour que l'attaque, en commençant avec ensemble sur tous les points, surprenne les Russes par son énergie et sa spontanéité.

Des détachements de canonniers commandés par des capitaines d'artillerie marchent avec les premiers bataillons, afin de retourner aussitôt les ouvrages contre l'ennemi et reconnaître les travaux à exécuter immédiatement.

En outre, l'artillerie doit, après le départ des colonnes d'assaut, changer le tir des batteries du Carénage et de la parallèle Victoria, afin de diriger tous ses feux sur la place.

La direction supérieure de ces opérations d'artillerie est confiée au lieutenant-colonel de Laboussinière, dont le dévouement et l'activité sont à toute épreuve.

*
* *

L'action va s'engager et comporte trois attaques bien distinctes.

Deux appartiennent aux Français :

La 1re division Mayran, à droite, sur le contrefort du Carénage, comprend les ouvrages blancs.

La 2e, général Brunet, au centre, le mamelon Vert. Les divisions Dulac et Camou en réserve.

La 3e, l'ouvrage des Carrières, situé à notre gauche, réservé spécialement aux Anglais.

Le général Bosquet fait donner le signal à quatre heures et demie par une fusée lancée de la redoute Victoria où il se tient. Aussitôt les brigades de Failly et Lavarande de la division Mayran se dirigent sur les ouvrages blancs, pendant que le général Wimpfen sort des tranchées qui entourent la base du mamelon Vert.

Les troupes s'élancent de toute part avec enthousiasme, et bientôt elles envahissent l'ennemi : on lutte partout avec acharnement.

Au mamelon Vert, le colonel de Brancion, à la tête du 50e de ligne, plante le drapeau du régiment sur les épaulements de la redoute ; il anime les soldats de la voix et du geste, mais la mitraille semble s'acharner sur ce point, et l'intrépide colonel tombe frappé mortellement.

Nos troupes s'avancent malgré une terrible résistance. Les Russes luttent en désespérés, une fusillade à bout portant renverse nos premiers rangs : ce n'est cependant là qu'une des phases de ce brillant et rude combat, qui prit, par son importance et son étendue, les proportions d'une bataille.

A l'extrême droite, nous envahissons aussi très rapidement les positions de l'ennemi.

La brigade Lavarande, placée dans les tranchées du Carénage, son général en avant d'elle, s'élance en dehors de la 2e parallèle sur l'ouvrage du 27 février, pendant que la brigade de Failly, avec une égale ardeur, se précipite sur l'ouvrage du 22 février.

Toutes deux ont un long espace à parcourir sous la fusillade et la mitraille.

La brigade de Failly surtout, prise de flanc par des feux meurtriers, traverse un terrain difficile. Rien n'arrête les vaillantes troupes, qui s'avancent toujours, malgré les morts qu'elles laissent après elles, et arrivent compactes, irrésistibles.

Les Russes, refoulés par cette impétueuse attaque, abandonnent ces deux positions; nos soldats, surexcités par le combat, s'élancent à leur poursuite, pénètrent avec eux dans une batterie construite par l'ennemi depuis le 2 mai, pour défendre l'embouchure du ravin du Carénage, et enclouent leurs canons.

Le lieutenant-colonel Lerouy d'Orcon, aussitôt que l'offensive se dessine, descend rapidement le ravin du Carénage avec deux bataillons de réserve, il gravit les escarpements de la rive droite et arrive assez à temps pour couper la retraite des Russes, repoussés déjà des deux premiers ouvrages; il leur fait 400 prisonniers, dont 12 officiers.

*
* *

La lutte est engagée sur toute la ligne de nos attaques avec une incomparable ardeur, surtout au mamelon Vert, où les plus émouvantes péripéties se succèdent.

L'ordre général avait été donné de ne pas dépasser la gorge de l'ouvrage; on devait s'y créer aussitôt un abri contre les tentatives et les feux de l'ennemi; mais nos soldats, animés par leur succès, voyant les Russes abandonner cette redoute qui leur avait été vaillamment enlevée, s'élancent à leur poursuite jusqu'au fossé de Malakoff, en cherchant à pénétrer avec eux dans l'intérieur de ce redoutable ouvrage.

Quelques-uns des nôtres ont déjà franchi le fossé et veulent escalader les embrasures; tout à coup un feu roulant les décime et, en un instant, recouvre de nos morts le terrain qui venait d'être occupé.

Le général Bosquet a suivi ce mouvement avec anxiété, et dès qu'il a vu les troupes dépasser dans leur élan le but qui leur a été assigné, il ordonne à la 5e division, général Brunet, de se porter aussitôt en avant au secours de la brigade Wimpfen, que le général Camou a déjà fait appuyer par la 2e brigade de sa division, général Vergé.

Ces nouvelles colonnes déploient un élan et un entrain qui surmontent les dangers qu'elles bravent. En quelques instants, la redoute est enlevée, les parapets sont franchis, les Russes sont une deuxième fois repoussés.

Il est 7 heures et demie du soir ; nous sommes partout maîtres des positions que nous avons attaquées.

Nos alliés, de leur côté, s'avancent aussi résolument; aussitôt que les colonnes d'attaque sortent des tranchées françaises, les troupes anglaises, composées de détachements de la division légère et de la 2e, marchent sur l'ouvrage des Carrières, dont elles s'emparent, et, entraînées par notre mouvement imprudent sur Malakoff, nos alliés s'élancent sur le grand Redan à travers un feu terrible de mitraille; mais, repoussés, ils laissent de nombreuses victimes sur ce terrain que, comme nous à Malakoff, ils n'auraient pas dû franchir.

*
* *

Il fallait maintenant s'établir assez solidement dans les ouvrages conquis, pour être à même de déjouer les tentatives de l'ennemi pendant la nuit.

Trois fois les Russes, par des efforts désespérés, tentent de reprendre ces importantes positions; trois fois ils sont repoussés.

Les résultats de cette journée furent considérables : la place perdait sa première ligne de défense.

Nous eûmes 69 officiers tués, 628 hommes de troupe hors de combat, 4,160 blessés, dont 2,000 légèrement; 502 prisonniers et 73 bouches à feu restèrent en notre pouvoir.

Dès le lendemain, les Russes évacuent la batterie du 2 mai, en avant des ouvrages blancs, et nous abandonnent complètement la rive droite du Carénage; les navires du port se réfugient dans la baie de l'Artillerie, où nos bombes les atteignent.

*
* *

Le lendemain, nous perdions le brave général de Lavarande, blessé mortellement en faisant lui-même une reconnaissance en avant des ouvrages enlevés la veille.

Une suspension d'armes eut lieu le 9, à midi,

pour l'enlèvement des morts; à six heures, l'armistice était terminé.

Le général en chef, pour honorer la mémoire du colonel Brancion et du général de Lavarande, tués l'un au mamelon Vert, l'autre aux ouvrages blancs, décida que ces redoutes porteraient à l'avenir le nom de ces vaillants chefs.

Le mamelon Vert fut appelé redoute Brancion, et les ouvrages blancs prirent le nom d'ouvrages Lavarande.

# CHAPITRE IX

SOMMAIRE

*Première attaque sur Malakoff, 18 juin.* — Mort de lord Raglan. Rappel en France du général Canrobert.

Après notre succès du 7 juin, il s'était produit un revirement en faveur de l'attaque au siège; et, séduit par les importants résultats obtenus, on ne désespérait plus d'entrer à Sébastopol de vive force.

Les généraux en chef se réunirent en conseil; les généraux chefs de corps et ceux des armes spéciales y assistaient : il s'agissait cette fois de l'attaque sur Malakoff.

Le général Pélissier, qui avait pour lui l'autorité du commandement en chef et le souvenir du succès récent du 7 juin, fit prévaloir son opinion, et la nouvelle attaque fut décidée pour le 18.

L'assaut de Malakoff devait être terrible et sanglant; les troupes avaient à parcourir, sous le feu meurtrier de nombreuses batteries, un espace considérable, mais le général Pélissier était persuadé que le 7 juin aurait un lendemain plus important encore.

Cependant on aurait pu prévoir, à la suite de l'imprudence qui avait été commise par des troupes de la division Brunet à l'attaque du mamelon Vert, que les Russes étaient décidés à défendre chèrement cet ouvrage, auquel ils attachaient la plus grande importance.

En même temps que l'assaut de Malakoff, le général en chef avait combiné un mouvement de l'armée d'observation sur la Tchernaia; il en avait confié le commandement au général Bosquet, auquel il retirait les attaques de droite pour les donner au général Regnault de Saint-Jean-d'Angély.

Ce changement, incompréhensible à la veille d'une grande lutte, fut des plus regrettables, et le 2e corps, qui perdait le vaillant chef qu'il aimait, le vit s'éloigner avec une douloureuse inquiétude.

Le nouveau général, presque inconnu à l'armée d'Orient, malgré ses qualités militaires, ne pouvait pas diriger cette sérieuse opération avec autant d'assurance que le général Bosquet, qui l'avait créée.

* * *

C'est sous ces fâcheux auspices que se présenta le 18 juin; l'attaque se composait de trois colonnes assaillantes :

1re colonne, division Mayran;

2e colonne, division Brunet;

3e colonne, division d'Autemare, qui revenait de l'expédition de Kertch et était depuis le 16 juin à l'attaque Malakoff.

Ces trois colonnes devaient opérer simultanément : la première, par le ravin du Carénage; la 2e, soutenue par la 3e, attaquerait Malakoff. Ces trois colonnes se prêteraient ainsi un appui réciproque.

Deux batteries d'artillerie attelées étaient placées en arrière de la redoute Brancion pour être dirigées immédiatement sur les positions ennemies aussitôt que les troupes s'en seraient solidement emparées.

Les Anglais avaient en même temps à prendre possession du grand Redan, contre lequel s'étaient dirigés tous leurs efforts depuis le commencement du siège.

*
* *

Il fut décidé que l'on attaquerait à trois heures du matin. Le général en chef s'était réservé d'une manière absolue le droit de donner le signal par un bouquet de fusées tirées de la batterie Lancastre en avant de la redoute Victoria, où devait se tenir le quartier général.

Mais, par une étrange fatalité qui semblait s'acharner contre nous dans cette funeste journée, une bombe fusante fut prise pour le signal attendu par le général Mayran, qui donna ordre au général de Failly de s'avancer avec sa brigade.

A peine nos troupes furent-elles engagées qu'elles furent reçues de tout côté par une fusillade meurtrière renforcée par des volées de mitraille.

Le général Regnault de Saint-Jean-d'Angély, en réserve à la batterie Lancastre, ne pouvant pas supposer que la division Mayran était engagée, le signal n'ayant pas été donné, crut à une invasion des Russes et envoya un officier pour le renseigner.

Le général Pélissier était encore à plus de mille mètres de la batterie Lancastre quand l'attaque prématurée du général Mayran enleva aux projets arrêtés tout leur ensemble.

*
* *

Enfin le signal si impatiemment attendu fut donné; le général d'Autemare se dirigea vivement sur le point indiqué vers le ravin de Karabelnaia; mais la division Brunet, qui avait dû opérer son mouvement au milieu des tranchées, n'a pu encore s'établir d'une manière exacte dans les positions qui lui avaient été assignées, et les dernières dispositions du général n'étaient pas encore entièrement prises lorsque la gerbe de fusées du signal vint lui indiquer qu'il fallait lancer ses colonnes d'assaut. Les bataillons d'attaque flottent un instant indécis et sortent difficilement des tranchées.

Le général Brunet, gravissant les parapets extérieurs, dispose lui-même ses troupes un peu confuses, mais pleines d'entrain; elles se précipitent en avant, et le général, qui marche à leur tête, tombe mortellement blessé par une balle en pleine poitrine : ce fut encore une perte douloureuse pour l'armée.

Près du général, le lieutenant-colonel de Laboussinière, qui avait déjà fait preuve de tant de vaillance et d'habileté, est mortellement atteint à la tête par un biscaïen. A la droite, le général Mayran, dans son impatiente anxiété, s'est porté en avant sur un terrain entièrement à découvert. Un biscaïen le frappe au coude gauche. Il garde le commandement, fait avancer ses réserves, entraîne lui-même ces vigoureux bataillons, mais presque au même moment cet intrépide général, que la fatalité poursuit, est frappé en pleine poitrine Il mourut quelques jours après dans d'affreuses souffrances. C'était un des chefs les plus valeureux et les plus appréciés.

*
* *

Le général Pélissier vient d'apprendre la mort du général Brunet et l'insuccès de son attaque; on lui annonce que le général Mayran est blessé mortellement; il donne l'ordre au général Regnault de Saint-Jean-d'Angély d'envoyer au secours de ces divisions quatre bataillons de la garde pris à la réserve générale.

Les généraux Mellinet et Ulrich mènent au combat ces troupes d'élite, ralliant à eux tout ce qu'ils trouvent sur le ravin du Carénage : inutiles efforts, qui ne peuvent ramener la victoire.

Cependant la division d'Autemare seule arrive dans la batterie Gervais et poursuit l'ennemi dans le faubourg Karabelnaia. Là, on tire à bout portant, on se prend à la gorge, on se tue à coups de pierres.

Mais nos soldats, ralliés à l'entrée du faubourg, ne peuvent plus avancer; le général d'Autemare envoie un officier d'état-major au général en chef pour lui demander des renforts, il n'en a plus à lui donner. L'attaque des Anglais n'a pas réussi sur le grand Redan, il faut songer à la retraite.

*
* *

Pendant cette lutte désespérée, une grande anxiété existait parmi les troupes qui devaient opérer à l'extérieur.

La veille, le général Bosquet, informé de l'heure et du jour fixés pour l'attaque, prêt à marcher d'après les ordres qu'il recevrait, avait pris toutes ses dispositions; les troupes emportaient quatre jours de vivres.

Dès le point du jour, les échos des ravins apportaient dans la plaine de Balaklava le retentissement formidable des feux de l'artillerie et de la mousqueterie; les troupes étaient sous les armes, inquiètes, attentives, tous les regards tournés vers Sébastopol.

Des officiers du général Bosquet envoyés à la batterie Lancastre donnent les premières nouvelles. Ils annoncent la blessure mortelle du général Mayran, la mort du général Brunet, l'insuccès de leurs deux divisions.

Bientôt à tout ce bruit qui indique un combat acharné succède un silence profond indice de notre échec.

Le colonel de La Tour-du-Pin, qui suivait en volontaire depuis le commencement de la campagne, recherchant le danger en véritable chevalier partout où il se présentait, fit connaître au général Bosquet les tristes détails de cette malheureuse matinée.

*
* *

Le lendemain, le général Pélissier rappela le général Bosquet aux attaques Malakoff. Le général Regnault de Saint-Jean-d'Angély rentra à son ancien camp, et le général Herbillon eut, comme plus ancien, le commandement des troupes de la Tchernaia.

Dans les événements qui venaient de se passer et dans ceux qui se préparaient, la responsabilité du général Pélissier était grande, mais celle de lord Raglan était plus grande encore. Car c'était lui qui, par son entêtement, avait amené ces fatales résolutions.

Cependant le mâle caractère du général Pélissier et sa franche loyauté redonnèrent confiance aux troupes; mais lord Raglan fut tellement affecté, qu'il mourut dix jours après, sous l'influence de ce douloureux échec.

Le général James Simpson le remplaça au commandement de l'armée anglaise.

Par une triste coïncidence, la mort avait frappé en dehors des hasards de la guerre les deux généraux en chef auxquels avaient été confiées au début les destinées des deux armées, et le général russe prince Menschikoff fut contraint par la maladie de quitter son commandement.

*
* *

Les restes mortels de lord Raglan traversèrent les camps des alliés au milieu d'un sentiment de respect qu'inspirait l'existence si bien remplie du vieux général, et furent conduits à bord du vaisseau qui devait les ramener en Angleterre.

Par courtoisie sans doute de la part de nos adversaires, dans cette journée de deuil on n'entendit pas le canon de la ville assiégée.

*
* *

La 1re division, restée sur la Tchernaia, fut appelée à prendre le service du corps de siège le 4 juillet, en remplacement de la division Faucheux, ancienne division Mayran.

Dès cette époque, cette 1re division, qui devait, le 8 septembre, s'établir si vaillamment dans le réduit de Malakoff, figura dans toutes les opérations du siège, et le général Canrobert fut appelé à concourir à une attaque qu'il avait désavouée comme général en chef.

Sa division était de garde aux tranchées tous les trois jours; on le voyait parcourir avec un soin attentif les travaux avancés que nous exécutions contre Malakoff, afin de prendre lui-même toutes les dispositions pour repousser les attaques de nuit.

De toute part, en toute occasion, le général recueillait le précieux témoignage de la plus haute estime et de la plus respectueuse sympathie, mais les souvenirs de la récente situation élevée qu'il avait exercée si longtemps avec tant de sollicitude pour l'armée de Crimée, rendait, à son insu, le commandement difficile pour ses chefs, qui la veille étaient ses subordonnés, et ce fut sans doute pour ce motif qu'il fut rappelé à Paris par ordre de l'empereur, pour reprendre près de Sa Majesté son service d'aide de camp.

Le général Canrobert s'embarqua le 4 août pour rentrer en France. Tous ses compagnons d'armes voulurent lui dire adieu et l'accompagnèrent à la plage où, par une courtoisie digne du général Pélissier et de l'amiral Bruat, on salua l'ancien commandant supérieur de l'armée d'Orient comme s'il eût été encore le général en chef.

# CHAPITRE X

SOMMAIRE

*Disposition des troupes et topographie du terrain avant la bataille de Traktir.* — Bataille de Traktir.

Nous approchons du dénouement de ce grand drame. L'attaque principale est décidée contre Malakoff, qui domine tout le système défensif du côté de Karabelnaia et dont la possession fait tomber la partie sud de la ville; on s'avancera pied à pied jusqu'à ce qu'on puisse entrer d'un seul bond dans le réduit de Malakoff.

Cependant avant cette lutte suprême un combat important aura lieu dans la plaine de la Tchernaia.

En sortant des gorges de Tchorgoun, la rivière de la Tchernaia coule dans une plaine très resserrée, qui s'élargit ensuite en se dirigeant vers Inkermann.

Sur la rive gauche, un canal alimenté par les eaux de la Tchernaia et du ruisseau de Schouliou traverse la rivière sur un aqueduc et se jette dans un petit lac au pied des collines qui forment le premier gradin du mont Sapoune, sur lequel sont établies les divisions du 2ᵉ corps de siège.

De hauts plateaux ondulés compris entre les vallées du Schouliou et de la Tchernaia dominent les deux vallées et forment les monts Fedikines.

La Tchernaia coule du sud au nord, puis de l'est à l'ouest, enveloppant ces monts, qui présentent des positions très avantageuses pour la défense, et vers lesquels débouchent deux routes importantes, l'une venant de Voronzoff à l'est, l'autre de Mackensie au nord-est; cette dernière traverse en partie la Tchernaia et le canal, sur deux ponts distants d'environ cent mètres.

*
* *

Le corps d'armée qui campait dans la plaine de la Tchernaia, dont le commandement avait été donné au général Herbillon quand le général Bosquet fut rappelé au siège, était établi sur les monts Fedikines. Composé des divisions Camou, Faucheux, Herbillon et de la division de cavalerie du général Morris, elle était couverte à l'extrême droite par les avant-postes des Piémontais.

En arrière, sur le flanc droit, la cavalerie anglaise, — enfin en arrière, du côté de Balaklava, les Turcs.

Le général d'Allonville avec une division mixte opérait dans la vallée de Baidar.

Ce corps formait aussi un vaste secteur tourné vers l'ennemi, dont le flanc gauche appuyé au mont Sapoune était relié au corps de siège par une des brigades de la division Herbillon.

L'arc de cercle de ce secteur était dans toute son étendue couvert par la Tchernaia.

Telle était la disposition de nos forces en arrière

de ce cours d'eau, quand l'ennemi vint nous attaquer, le 16 août, au point du jour.

« Je considère comme indispensable, dit le prince Gortschakoff, d'exécuter un mouvement sur la Tchernaia afin de reconnaître la position des troupes ennemies couvrant le siège de Sébastopol, et j'ai voulu savoir s'il était possible de les refouler de la Tchernaia sur le mont Sapoune. »

* * *

Dès le 15 août au soir, le général Herbillon est prévenu par le général d'Allonville que des troupes ennemies en assez grand nombre menacent son flanc gauche, et dans la nuit du 15 au 16, dix divisions d'infanterie russe descendent des hauteurs de Mackensie et viennent prendre place sur la rive droite de la Tchernaia; 164 pièces de canon et trois divisions de cavalerie soutiennent toute cette infanterie.

A quatre heures du matin, tous les avant-postes piémontais sont assaillis par un feu violent des batteries de position, puis presque aussitôt attaqués par une colonne d'infanterie. Immédiatement après cette attaque, le général russe Read se range en bataille vis-à-vis des monts Fedikines, pendant que, le long de la rivière, une nombreuse artillerie ouvre un feu très vif sur nos embuscades.

Dès les premiers coups de canon, les divisions françaises occupent les positions désignées à l'avance par le général Herbillon; mais un brouillard épais, augmenté encore par la fumée de l'artillerie, masque le point d'attaque et facilite à l'ennemi le passage de la rivière, qu'il opère déjà malgré le feu soutenu de quelques bataillons venus en aide aux avant-postes.

A l'extrême gauche, la 7e division russe s'avance contre les positions occupées par la division Camou; quatre compagnies de tirailleurs algériens, de grand'-garde en avant du canal, soutiennent énergiquement le feu et opèrent lentement leur retraite en se repliant avec le reste du régiment sur un mamelon en arrière.

Les Russes ont passé le canal quand le 10e de ligne et le 3e zouaves, entraînés par leurs chefs, abordent à la baïonnette la division ennemie encore mal reformée et y jettent la confusion.

Les tirailleurs algériens du colonel Rose appuient sur la gauche cette attaque. Le 62e s'est posté sur le flanc de la colonne avec la même audace.

Arrêtés dans leur marche, les officiers russes cherchent en vain à rallier leurs bataillons décimés; ils sont refoulés sur le canal, qu'ils repassent en désordre pendant que les batteries de la division les poussent encore plus rapidement.

*
* *

C'est surtout au pont de Traktir que le corps du général Read tente les plus sérieux efforts.

La 12e division russe, soutenue par la 5e, marche résolument sur ce point; la garde en est confiée au général de Failly, de la division Faucheux, qui déjà pendant le siège a prouvé sa valeur.

A peine le général a-t-il pris ses dispositions que les colonnes ennemies se précipitent sur le pont avec une audace inouïe; et, à l'aide de passages improvisés avec des échelles, des ponts volants ou des madriers, elles traversent la Tchernaia à la faveur du brouillard et sous la protection de leur artillerie.

Il est impossible de défendre le passage assailli de tout côté, et les défenseurs se replient dans une position plus favorable.

Les Russes, enhardis par ce mouvement de retraite, s'avancent résolument et rencontrent le général Cler, de la division Herbillon, qui débouche avec trois bataillons sur le mamelon à droite de la gorge de Traktir, pour renforcer la droite du général Faucheux, déborder l'ennemi et le rejeter sur la rivière.

Le général de Failly reçoit le reste de sa brigade et veut reprendre l'offensive.

La 17e division russe descend en toute hâte des hauteurs du Schouliou pour soutenir les 5e et 12e divisions, puis se reforme aussitôt.

Cette masse imposante, divisée en trois colonnes, se dispose de nouveau à attaquer les gorges en arrière du pont de Traktir. Le brouillard s'étant dissipé, on peut suivre sur les pentes opposées les mouvements de l'ennemi, et le colonel Forgeot, pour soutenir le front de notre ligne, place sept batteries qui foudroient les masses assaillantes.

En même temps arrive, avec le général en chef, la division Levaillant, du 1er corps, la division Dulac, du 2e, et la garde impériale.

Ces solides réserves barrent le passage à l'ennemi, dont le prince Gortschakoff a pris en personne le commandement à la suite d'une blessure mortelle du général Read.

L'attaque du pont est de nouveau tentée, le général de Failly et le général Cler font avec leurs troupes de prodigieux efforts. L'ennemi est repoussé au delà de la Tchernaia.

* * *

Les Russes n'abandonnent cependant pas cette partie qu'ils ont sérieusement engagée : la 17e division, renforcée à son tour par le régiment d'Odessa, se porte sur l'extrême droite des lignes françaises pour forcer le passage à gué qui donne accès dans la petite plaine de Balaklava, point extrême auquel s'appuie l'armée piémontaise.

Aussitôt le général de La Marmora envoie sa 2e division, que commande le général Frotté, pour prendre position près du canal au delà du bivac de la cavalerie française.

Le combat s'étend alors sur toute la ligne. Le général Faucheux vient de renforcer la droite; néanmoins la colonne ennemie, prise de front et de flanc, s'avance toujours; — mais l'artillerie du colonel Forgeot tire à coup sûr dans ces masses.

Le général Cler lance deux bataillons sur le flanc des Russes, qui cherchent encore à résister. Ils sont rejetés de nouveau sur le canal.

*
* *

Il est neuf heures du matin. L'armée ennemie prononce définitivement son mouvement de retraite en bon ordre, s'arrêtant souvent pour se rallier; elle est couverte par une nombreuse cavalerie.

Bientôt on la voit se déployer dans la plaine sur la rive droite de la Tchernaia, ayant son aile gauche sur les crêtes qui dominent ce cours d'eau.

Le général Bosquet, des hauteurs d'Inkermann, dirige sur l'ennemi des fusées qui déterminent la retraite.

La bataille est terminée; le général en chef avait eu l'intention de faire charger sur le derrière de l'ennemi quelques escadrons de chasseurs d'Afrique, quand il s'aperçut qu'ils seraient exposés, comme la cavalerie anglaise à Balaklava, aux feux des batteries de position, après avoir passé la Tchernaia à gué. Dans ces conditions, une retraite eût été un désastre.

A 3 heures, toute l'armée russe avait disparu par la grande route qui conduit au plâteau de Mackensie. On s'est battu pendant plus de cinq heures consécutives, et il fallut une suspension d'armes pour enlever les morts.

Les Russes, qui avaient combattu avec acharnement, eurent plusieurs généraux tués et firent des pertes sensibles.

Ce succès nous fit oublier les journées néfastes du 18 juin ; il redonna de la confiance aux troupes, prouva de nouveau aux Russes que toutes leurs tentatives seraient infructueuses, et nous permit enfin de concentrer tous nos efforts sur Malakoff.

## CHAPITRE XI

SOMMAIRE

*Conseil de guerre présidé par le général en chef.* — Attaque sur Malakoff décidée. — Dispositions prises par le général Bosquet. — Assaut général. — Prise de Sébastopol.

Malgré les difficultés que le sol ne cesse d'offrir, nos attaques sur Malakoff marchent à grands pas.

Le 2 septembre, les abatis qui protègent cet ouvrage sont en partie incendiés et traversés par nos cheminements. On n'est plus qu'à 25 ou 30 mètres de la contrescarpe, — on peut se rendre compte que la courtine et le petit Redan ne présentent plus d'obstacles sérieux; cependant on est arrêté par du roc vif; assiégeants et assiégés se touchent. Les pertes des Russes sont énormes; les nôtres sur ce point sont considérables aussi.

Au grand Redan et aux attaques de gauche, on n'a rien à gagner en attendant.

Le général Bosquet déclare que les troupes ne peuvent plus tenir sous le feu perpétuel qui les accable, et que chaque jour une perte de 150 hommes mis hors de combat dans les tranchées décime les divisions destinées à l'attaque.

Le général Niel, qui commande le génie de l'armée, est aussi convaincu que le moment d'agir est arrivé.

*
* *

Le 3 septembre, le général Pélissier réunit un conseil de guerre composé des généraux Bosquet, Niel, Martimprey et Frossard et du commandant en chef du génie anglais, sir Harry Jones : conseil solennel où doivent se discuter et se résoudre les destinées du siège.

Chacun est appelé à émettre son opinion : les avis sont unanimes pour que l'attaque ait lieu sans plus tarder. Le général Pélissier cependant désire attendre 400 mortiers qui arrivent de France et dont l'effet doit être foudroyant; néanmoins l'assaut est décidé.

Le général Niel demande le plus grand secret : dans ce moment décisif, la moindre indiscrétion peut devenir fatale et entraîner l'insuccès de l'opération.

Le général Bosquet, en revenant à son quartier général, étudie et prépare aussitôt dans tous ses détails son projet d'attaque, qu'il communique aux chefs de service, les généraux Beuret et Frossard.

Ce projet, d'une très grande importance, divise l'attaque en trois zones parallèles.

La première zone, celle de droite, comprendra l'attaque sur le petit Redan; elle est confiée à la division Dulac, appuyée par les chasseurs de la garde et une brigade de la division d'Aurelles.

Dans la deuxième zone, au centre, le général de

La Motte-Rouge attaquera avec sa division la courtine qui relie le petit Redan à Malakoff.

Enfin dans la troisième zone, celle de gauche, le général de Mac-Mahon avec l'ancienne division Canrobert s'élancera rapidement sur Malakoff; il a comme réserve les zouaves de la garde et la brigade Wimpfen, de la 2e division du 2e corps.

La garde impériale en réserve générale au centre, derrière la division La Motte-Rouge, occupera les anciennes tranchées françaises et russes en avant du mamelon Vert.

Pour permettre aux réserves de s'avancer rapidement, une coupure de 40 à 50 mètres de large, marquée par des gabions, sera préparée dans chacune des parallèles.

Deux batteries d'artillerie de campagne de la 5e division du 2e corps se tiendront à la batterie Lancastre, prêtes à arriver au galop; quatre autres batteries de campagne seront placées en réserve à la redoute Victoria.

La même voie préparée pour le passage des réserves servira à cette artillerie pour se rendre sur le lieu du combat.

Outre les troupes indiquées, un détachement de 60 sapeurs, commandé par un chef de bataillon et trois officiers, marchera en tête de chaque attaque, appuyés par un demi-bataillon du génie en réserve, tous pourvus d'outils à manches courts et d'échelles d'assaut pour franchir le fossé.

En outre, un détachement d'artillerie de 58 hommes, commandé par un capitaine et un lieutenant, devra aussi, dans chaque colonne, enclouer les pièces de l'ennemi ou les retourner contre lui, selon les éventualités du combat.

L'intendant du 2e corps établira le service des ambulances sur une très grande échelle.

*
* *

Le jour de l'assaut est fixé au 8 septembre; le général Bosquet demande qu'il ait lieu à midi.

La proximité de nos travaux d'approche contre la place a permis d'observer une partie des mouvements de l'ennemi et de s'apercevoir que, pour soustraire ses réserves aux feux meurtriers de notre artillerie, elles sont à couvert sous blindages.

Le génie a pu constater d'une manière certaine que, l'ouvrage important de Malakoff étant fermé à la gorge, les réserves ne se porteraient pas facilement contre les colonnes assaillantes. En outre, le feu de nos batteries et la grande quantité de projectiles que nous devions lancer avec précision sur Malakoff faisant essuyer aux troupes ennemies des pertes considérables, elles ne pourraient pas se tenir constamment à l'intérieur de l'ouvrage.

Cependant l'artillerie de gros calibre qui armait les batteries russes formait devant nous de redoutables obstacles; on devait, pour réussir, surprendre l'ennemi avant qu'il ait pu diriger ses renforts sur les points attaqués.

Il fut résolu qu'à la date du 5 septembre l'artillerie ouvrirait simultanément le feu de toutes les batteries avec une vigueur excessive; mais son tir devait être irrégulier, afin de tromper l'ennemi et de le laisser sans cesse dans l'indécision sur l'heure de l'assaut général.

Le jour de l'attaque, quelques moments avant l'instant fixé, on donnerait au tir la plus longue portée, afin de démasquer à la fois le terrain des attaques et de contraindre les réserves russes à rester sous leurs blindages.

* * *

Nous touchions à la fin de ce grand drame, — cette fois les plus minutieuses précautions habilement prises par le général Bosquet mettaient de notre côté toutes les chances de succès.

L'armée de Crimée allait enfin recevoir, pour prix de ses constants efforts, l'honneur d'une victoire éclatante.

Chaque jour, les rapports des espions annonçaient que l'ennemi se préparait à nous attaquer sur plusieurs points à la fois, et les troupes prévenues étaient prêtes à prendre les armes au premier signal, pendant que l'artillerie continuait son tir habituel.

Le 5, dès la pointe du jour, toutes les batteries du siège de gauche, sous l'habile direction du général Le Bœuf, ouvrent leur feu avec beaucoup d'ensemble.

Aussitôt toutes nos attaques, les défenses ennemies

et la ville elle-même sont enveloppées d'un épais nuage de fumée.

Le feu de nos alliés répond avec énergie à la riposte des Russes, et l'attaque Malakoff commence son tir.

Ce branle-bas général met l'ennemi dans la plus grande indécision sur le point fixé pour l'assaut.

Dans la nuit, nos pièces continuent à tirer avec vigueur pour empêcher l'ennemi de réparer les défenses et de remplacer ses pièces hors de service.

Le lendemain, au point du jour, le feu recommence avec une infatigable énergie. L'ennemi n'y répond que faiblement; comme la veille, notre tir est saccadé; il s'arrête, puis reprend, tantôt lent, tantôt formidable, surtout vers la gauche, où le nombre de nos batteries est très considérable, avec d'abondantes munitions.

Les projectiles ennemis lancés à courte distance ébrèchent les parapets, déchirent les épaulements, renversent les servants, mais rien n'arrête l'intrépide ardeur de nos canonniers.

Les défenses de la place souffrent considérablement de la persistance de notre feu; la ville est inhabitable; les maisons sont percées, les toits effondrés; de tout côté nos boulets et nos bombes apportent la mort.

Les troupes ennemies, en grande partie bivaquées sur les places ou dans les ravins, se construisent des abris, qui bientôt eux-mêmes détruits sont impraticables.

« A partir du 5 septembre, écrit le général Gortschakoff, l'assaillant renforce d'une manière incroyable la canonnade et le bombardement. Il n'est plus possible de réparer les fortifications, et on se borne à remblayer les magasins à poudre et les blindages.

« Du 5 au 8 septembre, ajoute le général en chef russe, les pertes devinrent énormes : 4 officiers supérieurs, 47 officiers subalternes, 3,917 hommes, furent mis hors de combat. »

L'ennemi comprend que l'assaut définitif ne tardera pas; mais, n'ayant pas d'indications certaines sur le jour, il tient forcément ses réserves à l'abri, pour ne pas les laisser anéantir par le feu de notre artillerie.

* * *

Dans la matinée du 6 septembre, la brigade Wimpfen, détachée des lignes de la Tchernaia, vient prendre au siège le service de tranchée afin de donner, pendant la nuit du 7 au 8, un repos indispensable aux troupes désignées pour l'attaque générale.

L'assaut sera donné le lendemain; cependant les chefs de corps n'ont pas encore été prévenus du jour, de l'heure et des dispositions dernières.

Personne ne sait quelles sont les troupes qui marcheront et sur quel point elles dirigeront leurs efforts; le feu de nos batteries continue, et nos munitions s'épuisent dans un tir acharné et précipité.

Le 7 septembre, après midi, le général Bosquet réunit à son quartier général les généraux de division et de brigade ainsi que les chefs de service.

Dans une conférence intime, le général leur apprend que, par ordre du général en chef, l'assaut sera donné le lendemain à midi et que toutes les forces vives de notre armée seront engagées dans cette lutte décisive. Il explique nettement le plan d'attaque, recommande le plus grand secret, puis, en leur serrant la main, il leur dit :

« Je vous connais tous de longue date, Messieurs, pour de vaillants hommes de guerre ; aussi j'ai pleine et entière confiance en vous. Demain Malakoff et Sébastopol seront à nous. »

Dans la soirée, le commandant Henry, sous-chef d'état-major du 2e corps, remet confidentiellement aux généraux de division et aux chefs de service l'ordre du jour du général Bosquet qui devait être lu aux troupes dans chaque bataillon le lendemain matin à 8 heures.

Cet ordre, empreint d'une si mâle énergie, fut d'un heureux présage et augmenta encore l'entrain des troupes.

Je le reproduis textuellement :

« Soldats du 2e corps et de la réserve,

« Le 7 juin, vous avez eu l'honneur de porter fièrement les premiers coups droit au cœur de l'armée russe. Le 16 août, vous infligiez sur la Tchernaia le plus cruel châtiment à ses troupes de secours.

« Aujourd'hui c'est le coup de grâce, le coup mortel que vous allez frapper de cette main ferme, si connue de l'ennemi, en lui enlevant sa ligne de défense de Malakoff, pendant que nos camarades de l'armée anglaise et du 1er corps commenceront l'assaut général au grand Redan et au bastion central.

« C'est un assaut général, armée contre armée, vous êtes en face d'un ennemi intrépide et digne de vous.

« C'est une mémorable victoire dont il s'agit de couronner les jeunes aigles de la France! En avant donc, enfants; à nous Malakoff, à nous Sébastopol.

« Et vive l'empereur! »

Ces chaleureuses paroles furent accueillies avec enthousiasme; tous les cœurs, toutes les pensées, s'élevaient à hauteur de cette heure solennelle.

*
* *

Dans la matinée du 8 septembre, le général de Cissey, chef d'état-major du 2e corps, fit relever la brigade Wimpfen par six bataillons, deux par deux; ils devaient former la tête de chaque colonne d'assaut. On évitait ainsi devant l'ennemi des mouvements qu'il aurait pu apercevoir.

Ces bataillons ainsi disposés n'avaient plus qu'un court espace à parcourir pour s'élancer à l'assaut.

L'heure s'avance, les troupes défilent en silence dans les tranchées, en prenant les plus minutieuses précautions pour voiler leur approche.

Partout où l'on peut être vu, les crêtes ont été relevées; néanmoins, malgré les branchages, les traverses en gabions et les masques fictifs à l'aide desquels on espère cacher à l'ennemi la marche des troupes, notre mouvement ne peut lui être entièrement dissimulé, et le prince Gortschakoff, qui occupe les hauteurs en avant d'Inkermann avec l'armée de secours, envoie prévenir sur tous les points qu'il se fait dans notre armée un grand mouvement; mais les Russes ignorent l'heure de l'assaut, et la vivacité de notre feu à si courte distance les force à tenir encore leurs réserves abritées.

A dix heures, le général Bosquet se rend au poste de combat qu'il a choisi dans la sixième parallèle; sur cet emplacement convergent presque tous les feux de l'ennemi, — c'est le point d'où le général peut mieux voir l'ensemble de l'attaque, il tient à y rester.

Le général en chef, qui a désigné pour son quartier général la redoute Brancion, s'y rend avec les généraux Niel, Thiry et de Martimprey. Il a autour de lui tout son état-major.

Pour éviter la méprise du 16 juin, aucun signal ne sera donné. Toutes les montres des généraux commandant les divisions sont réglées sur celle du général en chef; — à midi sonnant les trois colonnes attaqueront ensemble, à la voix de leurs chefs.

*
* *

Le moment solennel approche. Les généraux, debout près des épaulements, ont les yeux fixés sur leur montre. Les soldats, en grande tenue, la baïonnette au fusil, attendent le signal.

Les batteries ont changé brusquement leur tir pour dégager le terrain de l'attaque et concentrer leurs feux sur les réserves de l'ennemi.

Il est midi. Le guidon de commandement du général Bosquet, placé sur l'épaulement extérieur de la tranchée, sert de point de ralliement aux officiers qui viennent prendre ses ordres.

Les généraux s'élancent les premiers et se montrent complètement à découvert sur la crête des parapets.

Le cri : « En avant! » mille fois répété annonce aux Russes que l'attaque a commencé; tambours et clairons battent et sonnent la charge.

*
* *

Ces trois attaques, ces trois combats héroïques et sanglants, sont le plus immense, le plus mâle spectacle qu'il soit donné à l'homme de contempler.

La division du général de Mac-Mahon n'a que 25 à 30 mètres à parcourir : à la voix de son chef qui lui montre le chemin, elle s'élance avec une ardeur indomptable; une partie se précipite sur le saillant de Malakoff, l'autre sur la face gauche de ce bastion, au point où cette face se relie à la courtine que doit attaquer la division La Motte-Rouge.

En quelques minutes, toutes les troupes ont atteint la partie extérieure de Malakoff. Les escarpements des talus présentent de sérieux et difficiles obstacles; mais nos soldats s'élancent dans les fossés, se cramponnent aux aspérités du sol, et, sans attendre que le génie leur ait facilité les voies, ils apparaissent sur les crêtes des parapets et plantent fièrement le drapeau français au sommet du bastion ennemi.

L'intérieur de l'ouvrage est garni de traverses blindées que les Russes ont multipliées pour s'abriter contre le feu de notre artillerie. C'est un vrai labyrinthe.

Surpris par l'impétuosité de notre attaque, ils ont eu à peine le temps de sortir de leurs abris et de se rallier, leurs réserves ont été retirées et massées en arrière comme les jours précédents.

Les officiers russes, l'épée à la main, sautent les premiers sur les parapets, appellent leurs hommes, les excitent de la voix et du geste. — Quelques mètres seulement séparent ces intrépides officiers de nos soldats qui débordent de toute part.

De seconde en seconde, la mort diminue ce groupe héroïque; — on voit tous ces vaillants tomber tour à tour et disparaître sous les balles qui les frappent à bout portant, sans que, de part et d'autre, un seul ait abandonné sa place.

Assiégeants et assiégés sont, au bout d'un instant, confondus en une épouvantable mêlée. Dans cette lutte corps à corps, la baïonnette ne peut plus servir : on combat à coups de crosse, à coups de pierres; les armes brisées dans ce choc rapide sont remplacées par des pioches, par des morceaux d'écouvillons ou des débris de bois arrachés aux blindages.

Mais les Russes ont repris l'offensive avec une vigueur désespérée et reviennent dans le réduit pêle-mêle avec nos soldats. C'est un moment terrible et décisif. Notre drapeau qui s'agite dans les airs ranime encore les combattants.

Le général de Mac-Mahon, ferme, impassible, fait avancer ses réserves. Une deuxième fois la redoute est reprise, le sol est jonché de morts ou de mourants, et c'est à ce moment que Mac-Mahon prononce ces mémorables paroles, devenues légendaires : « J'y suis, j'y reste. »

* * *

De son côté, la division de La Motte-Rouge, son général en tête, s'élance du centre de la sixième parallèle sur la grande courtine reliée au bastion Malakoff et au petit Redan.

L'espace que les troupes ont à parcourir est plus considérable. Le terrain est difficile et accidenté. On les voit arriver bientôt en masse sur le front de la courtine, la franchir en un superbe élan et s'emparer de la batterie de six pièces qui flanque Malakoff.

Au même moment, la division Dulac se précipite sur le petit Redan, renverse tout ce qu'elle trouve sur son passage.

Sur ces trois points attaqués, tout cède d'abord devant l'indomptable énergie de l'attaque ; l'ennemi, surpris un instant par l'habileté des dispositions prises si secrètement, se reforme protégé par ses réserves et reprend aussitôt l'offensive.

Il s'épuise sur le bastion Malakoff en efforts impuissants; mais au petit Redan il est plus heureux : vingt pièces d'artillerie de campagne attelées, quelques pièces de flanc des ouvrages de la place, les batteries du cimetière, toutes celles de la rive nord et des vapeurs embossés dans la baie, brisent nos colonnes, que la nature des obstacles mêmes qu'elles rencontrent a déjà désunies.

Tout à coup surgissent en face d'elles de profondes réserves abritées dans les ravins qui viennent aboutir au port militaire.

En vain nos bataillons veulent se maintenir sur ce terrain : écrasés sous la mitraille, ils sont broyés dans cette lutte inégale et contraints de se retirer. Un grand nombre d'officiers sont déjà tombés morts ou blessés.

Les Russes ont compris que le petit Redan menace sérieusement leur extrême gauche et peut-être même leur retraite sur le pont, et ils ont accumulé sur ce point des forces considérables.

Mais la retraite de la division Dulac découvre le flanc droit de la division La Motte-Rouge, la met ainsi aux prises avec les feux les plus meurtriers, et la force de se replier à son tour en bon ordre sur la première ligne de la courtine, où elle s'établit solidement, de manière à ne pas être délogée.

Le général Bosquet fait appuyer par deux bataillons de voltigeurs de la garde.

Les généraux Bisson et de Saint-Pol, de la division Dulac, réunissent à la hâte leurs bataillons mutilés, font battre la charge et se précipitent une deuxième fois sur le petit Redan, qu'ils reprennent encore.

Le général de Saint-Pol est tué, le général Bisson blessé; le feu des batteries et des réserves écrase une deuxième fois nos soldats infatigables au combat.

Les chasseurs de la garde accourent; autour d'eux se serrent les compagnies épuisées et dont les chefs sont morts en combattant les premiers.

C'est une lutte sanglante, terrible, désespérée.

Le général Marolles s'avance à la tête de sa brigade de la garde : il est tué au milieu de cette furieuse mêlée. Le général de Pontevès est aussi frappé à mort.

La division Dulac, foudroyée par ces feux écrasants, est rejetée en arrière du ravin; mais la division de La Motte-Rouge se maintient dans la première enceinte de la courtine.

Le général de Mac-Mahon, à Malakoff, résiste avec une énergie sans égale contre les masses qui reviennent constamment à la charge, et occupe avec ses braves troupes le réduit de Malakoff, dont nulle force humaine n'aurait pu l'arracher.

*
* *

Le général Bosquet, du point avancé où il a pris position, veille avec la plus grande attention sur toute l'étendue de l'attaque; il ne se dissimule pas la gravité de la situation des divisions Dulac et de La Motte-Rouge; il ordonne d'amener les batteries de la réserve, pour les établir dans des places d'armes disposées à cet effet afin de prévenir un retour offensif de l'ennemi.

Ces batteries s'avancent résolument, traversent au galop un terrain très difficile, mais, interprétant mal la pensée du général Bosquet, vont se placer sur le point qu'elles croient le plus favorable pour atteindre les vapeurs russes qui flanquent la courtine; entièrement à découvert, elles sont bien vite écrasées.

Au même moment, une bombe éclate à quelques mètres du parapet contre lequel se tient le général Bosquet; un gros éclat vient le frapper dans le flanc droit. Il lutte pendant un moment; — forcé de céder sous la violence du mal, il se soutient sans perdre tout à fait connaissance, et prescrit le plus grand silence autour de lui; — sentant que ses forces l'abandonnent, il donne l'ordre au général de Cissey, son chef d'état-major, de faire prévenir le général en chef, et remet le commandement au général Dulac, auquel il revient de droit par son ancienneté.

*
* *

La blessure du général Bosquet cause une vive émotion et une consternation profonde; on sent que le général est l'âme de cette attaque et que sa puissante direction devait assurer le succès.

Il veut rester encore pour diriger l'action ; il est forcé de céder, et on le transporte à la batterie Lancastre, où les premiers soins lui sont prodigués.

Pendant le trajet, les soldats qui rencontraient le brancard sur lequel était étendu le général se découvraient avec un sentiment de douleur et de vénération, en considérant comme un irréparable malheur cette blessure qui faillit causer un grand deuil et assombrir bien péniblement cette victoire qui ne fut remportée qu'après les péripéties les plus émouvantes.

* * *

Il est trois heures de l'après-midi. Le général de Mac-Mahon, demeuré à Malakoff, déploie une intrépidité surprenante ; par son calme et son sang-froid il inspire à tous la confiance : nous sommes maîtres de Malakoff.

Nous tenons une des faces de la courtine, on est forcé d'abandonner le Redan.

Le général Bosquet est blessé, quatre généraux sont tués, nos pertes sont immenses.

Les Anglais doivent attaquer le grand Redan, mais ne trouvent devant eux qu'un vaste espace criblé par la mitraille.

Pendant plus d'une heure, les troupes anglaises luttent pour se maintenir. Ceux qui arrivent remplacent à peine ceux qui tombent. Après une résistance acharnée, d'inutiles et sanglants efforts, on se décide enfin à évacuer le grand Redan.

*
* *

Le général de Salles, commandant le 1er corps, attaque au bastion central, pendant qu'au 2e corps on s'empare de Malakoff.

Les deux brigades de la division Levaillant, sous les ordres des généraux Trochu et Couston, chargées de cette attaque, sont reçues par un feu meurtrier et ne peuvent réussir.

Le général Rivet, chef d'état-major du 1er corps d'armée, porte en avant la brigade Le Breton, et, pendant que ces deux généraux cherchent à frayer un passage à cette nouvelle colonne, ils sont frappés tous deux mortellement.

La division d'Autemare, placée en réserve avec la brigade sarde, est prête à appuyer, quand le général en chef s'aperçoit que la prise de Malakoff fait tomber tous les ouvrages environnants.

En effet, Malakoff doit nous donner la victoire. Le général de Mac-Mahon s'y maintient au prix de pertes cruelles, car l'ennemi, comprenant toute l'importance d'une position qui lui a été si vigoureusement arrachée, redouble d'efforts pour la reprendre.

Les morts s'entassent, nos soldats se font tuer sur place plutôt que de lâcher un pouce du terrain conquis. Mais les Russes s'acharnent sur la gorge pour se frayer un passage et reprendre la redoute.

La brigade de Failly est furieusement engagée. Le général de Mac-Mahon se rend compte par lui-même de la situation et envoie deux compagnies de zouaves de la garde pour soutenir le général Vinoy, puis bientôt amène un bataillon de voltigeurs de la garde conduit par le colonel Douai, le seul qui lui reste : les deux autres bataillons sont déjà engagés à l'attaque de la courtine.

Enfin la brigade Wimpfen, tenue en réserve dans le ravin de Karabelnaia, et plusieurs compagnies de la garde viennent apporter leur appoint.

Les tirailleurs algériens entassent des fascines et des gabions, puis, aidés par les sapeurs du génie, ferment entièrement le passage de la gorge que les Russes veulent reprendre.

Le réduit de Malakoff est à nous, les attaques corps à corps ont cessé, mais les feux de l'artillerie et de la mousqueterie continuent avec une violence extrême sur tous les points.

*
* *

A 5 heures, les Russes font sauter le petit Redan que nous avons abandonné.

L'œuvre de destruction commence et indique pleinement que les Russes ne songent plus à défendre les positions extrêmes; des explosions successives ont bouleversé le petit Redan, et une portion de la Courtine vient de sauter. On peut craindre encore de voir nos colonnes victorieuses ensevelies sous les ruines de Malakoff, et ce n'est qu'un heureux hasard qui nous évite ce désastre.

En creusant le sol pour éteindre avec de la terre un incendie qui se déclara à la nuit dans le réduit de Malakoff, on trouva des fils conducteurs qui devaient communiquer le feu aux mines. — Cet indice nous sauva, et on découvrit les mines, qui furent aussitôt isolées.

Le lendemain, l'artillerie enleva de Malakoff plus de 10,000 kilogrammes de poudre.

*
* *

Pendant toute la nuit, des explosions continuelles se firent entendre.

Cette nuit fut grave et solennelle. Les cœurs battaient douloureusement devant un aussi pénible spectacle et ne pouvaient pas avoir conscience de l'immense victoire remportée.

Une grande partie des blessés, étendus pêle-mêle avec les morts, n'avaient pas encore pu être relevés, et chaque explosion nouvelle pouvait apporter une destruction complète.

Les armées alliées attendaient que le jour se fît sur cette grande scène de désolation.

Ce n'était plus le combat, ce n'était plus la lutte; le canon s'était tu d'une façon absolue ; chefs et soldats assistaient en silence à ce grand triomphe si chèrement acheté.

Le jour venu, d'un côté la ville n'offrait plus qu'un monceau de ruines en proie aux flammes; de l'autre, on apercevait au loin les colonnes russes gravissant péniblement les pentes nord de la baie où elles venaient chercher un refuge.

Sébastopol était complètement abandonné, et les armées alliées avaient atteint le but de leurs persévérants efforts.

*
* *

Nos pertes générales dans cette journée furent terribles.

Quinze généraux tombèrent gravement blessés sur le champ de bataille, 5 tués; 56 officiers supérieurs blessés, 24 tués; 350 officiers subalternes : 116 tués; 7,200 sous-officiers ou soldats : 1,489 tués.

L'ordre du jour du général Pélissier daté du 9 septembre 1855 donne une idée de l'importauce de notre succès.

« Soldats,

« Sébastopol est tombé, la prise de Malakoff en a déterminé la chute. De sa propre main, l'ennemi a fait sauter ses formidables défenses, incendié la ville, ses magasins, ses établissements militaires, et coulé le reste de ses vaisseaux dans le port.

« Le boulevard de la puissance russe dans la mer Noire, malgré une résistance opiniâtre, a succombé sous vos efforts persévérants.

« Ces résultats, vous les devez non seulement à votre bouillant courage, mais encore à votre indomptable énergie et à votre ténacité pendant un long siège de onze mois d'une place de guerre qui n'avait pas pu être investie.

« Jamais l'artillerie de terre et de mer, jamais le génie, jamais l'infanterie n'avaient eu à triompher de pareils obstacles. Jamais ausssi ces trois armes n'ont déployé plus de valeur, plus de science, plus de résolution.

« La prise de Sébastopol restera votre éternel honneur. »

La défense si remarquable de Sébastopol laissera aussi à la Russie un grand et imposant souvenir : la postérité dira ce que furent la vaillance irrésistible et l'indomptable ténacité des armées adverses, qui poussèrent l'héroïsme jusqu'à ses plus extrêmes limites.

La prise de cette importante place de guerre, disposant de ressources qui chaque jour pouvaient s'accroître, restera comme un fait unique dans l'histoire des plus grandes guerres.

Le siège, commencé le 9 octobre 1854, se termina par l'évacuation de la ville le 9 septembre 1855. — Il avait duré onze mois consécutifs.

# CHAPITRE XII

SOMMAIRE

*Opérations des armées alliées devant Eupatoria.* — Prise de la forteresse de Kinbourn. — Signature de la paix.

Après la prise de Sébastopol, dans la pensée d'une tentative désespérée de l'armée de secours, toutes les dispositions furent prises par les généraux en chef pour garder solidement l'étendue de nos lignes extérieures d'Inkermann à Balaklava et de la Tchernaia s'étendant jusqu'à la vallée de Baidar.

Dès le 8 septembre, le général d'Allonville avait reçu par télégraphe l'ordre de quitter cette vallée avec les troupes qu'il commandait, pour se rapprocher du gros de l'armée. Le 14, il recevait l'ordre de s'embarquer pour se réunir à Eupatoria aux divisions ottomanes, afin d'établir dans cette place une base d'opération et d'inquiéter les communications ou la retraite de l'armée russe sur Pérécop.

Le général d'Allonville, qui avait le commandement supérieur des forces alliées, quitta le 18 le port de Kamiech, emmenant avec lui la division de cavalerie.

Le 19, les bâtiments mouillèrent devant Eupatoria; le 20, la division au grand complet touchait terre.

Le général d'Allonville, d'un esprit actif, audacieux et entreprenant, résolut aussitôt d'inquiéter et de harceler les Russes par de fréquentes sorties, et il fut décidé que l'on tenterait en avant de la place une importante reconnaissance, à laquelle prendrait part toute la division de cavalerie soutenue par la division d'infanterie turque.

Cette reconnaissance se termina par un sérieux engagement de cavalerie à Kanghil. Ce combat, le seul livré, fut à notre avantage.

Le général fit, le 8 octobre, le 17 et le 26, de nouvelles sorties sans rencontrer l'ennemi.

*
* *

Les généraux en chef avaient songé aussi à la forteresse de Kinbourn, défendant la pointe de terre qui sépare de la mer Noire l'espace compris entre l'embouchure du Bug et celle du Dniéper. En se rendant maître de cette position, on coupait de ce côté les communications de l'armée russe avec Nicolaieff et on menaçait Kerson.

De concert avec les Anglais, l'expédition fut décidée. Le général Bazaine la dirigeait; elle se composait de 4,000 Français commandés par le général Wimpfen, et 3,000 Anglais sous les ordres du général Spencer. — Tous s'embarquèrent en octobre.

Le 15, de grand matin, le débarquement commença sans qu'il fût inquiété par l'ennemi.

Le 17 octobre, la forteresse de Kinbourn tombait

en notre pouvoir. 1,420 prisonniers, 174 bouches à feu, des munitions de guerre, l'occupation d'une importante position, tels furent pour les alliés les résultats de cette heureuse entreprise.

La prise de Kinbourn devait nous amener à couper l'isthme de Pérécop, et par conséquent à enlever aux Russes devant Sébastopol une bonne ligne d'opération.

Et on peut se demander pourquoi ces mouvements extérieurs n'ont pas été entrepris plus tôt.

Ils étaient dans l'esprit de l'empereur et du général Canrobert, qui, n'étant pas d'accord avec lord Raglan, remit son commandement au général Pélissier.

Les idées de lord Raglan furent complètement adoptées par le nouveau général en chef ; il reprit les attaques de droite et détermina la prise de Malakoff, après avoir rencontré des difficultés et des obstacles qui n'ont été surmontés qu'avec l'habile direction donnée à cette attaque par le général Bosquet, l'intrépide valeur de tout son 2e corps d'armée, et en dernier lieu par la grande présence d'esprit et l'héroïque ténacité du général de Mac-Mahon pour refouler les attaques acharnées des Russes voulant à tout prix reprendre cette importante position.

La prise de Kinbourn fut le dernier fait de guerre important de la campagne de Crimée.

C'était l'anniversaire du jour où, pour la première fois, nos canons avaient tonné devant Sébastopol.

*
* *

Mais tant de sang versé devait enfin recevoir sa récompense. Les conférences de Vienne n'ayant pas abouti, la France eut l'honneur de recevoir les représentants des puissances européennes au congrès de Paris.

La première séance de ce congrès eut lieu le 25 février, et son premier acte fut un armistice dont le terme était fixé à la fin de mars. La paix fut signée le 31 mars 1856.

Cette paix mit fin à une guerre formidable, en ne laissant au cœur des belligérants que le souvenir impérissable d'une lutte qui montra au monde entier leur puissante vitalité.

---

# CONCLUSION

Après le récit des faits qui précèdent, on peut conclure que la guerre d'Orient a rencontré sans cesse des obstacles matériels de toute nature, surmontés avec une audacieuse intrépidité poussée parfois jusqu'à la témérité.

L'honneur en revient aux chefs qui, sachant dans toute circonstance donner le plus grand exemple des vertus guerrières, avaient acquis une influence presque surnaturelle sur des troupes qu'ils savaient électriser jusqu'à l'héroïsme. — Et c'est surtout à ce point de vue qu'il est utile de connaître et d'étudier la guerre d'Orient.

En Turquie, l'armée, sans avoir pu joindre l'ennemi, fut cruellement éprouvée par le choléra; ce terrible fléau vint décimer nos divisions avant qu'elles eussent combattu.

L'incendie de Varna pouvait en une seule nuit anéantir toutes nos ressources, et ce fut grâce à l'influence morale qu'exerçait le maréchal de Saint-Arnaud que l'expédition de Crimée fut résolue.

Le débarquement sur la plage d'Oldfort présenta des difficultés inouïes; on n'avait que des données incertaines sur l'ennemi, et à peine débarqué on pouvait aussitôt avoir à combattre.

La bataille de l'Alma fut une grande lutte dans laquelle les armées alliées déployèrent une remarquable bravoure. Les divisions Bosquet et Canrobert enlevèrent en quelques heures des positions que les Russes considéraient comme imprenables.

Le maréchal avait l'intention d'inquiéter l'ennemi sur ses ailes pour le percer plus facilement au centre. La lenteur des Anglais fit manquer cette combinaison, et la bataille devint sur toute son étendue un acharné corps-à-corps.

Après l'Alma on pouvait peut-être, en marchant rapidement, repousser l'armée ennemie ou entrer derrière elle dans Sébastopol; mais le maréchal n'avait pas de cavalerie, et l'état physique des troupes si éprouvées demandait des ménagements; quelques cas de choléra s'étaient encore déclarés de nouveau.

Le maréchal, épuisé par la maladie, fit un suprême effort pour conduire l'armée sous les murs de Sébastopol, mais il fut forcé de remettre au général Canrobert un commandement que les circonstances et les éventualités de la lutte rendirent encore de plus en plus difficile.

*
* *

Les batailles de Balaklava, d'Inkermann, les sorties continuelles repoussées par le corps de siège, prouvèrent combien étaient considérables les ressources des Russes et les moyens dont ils disposaient pour défendre leur importante place de guerre ou lutter contre notre armée d'observation.

Après ces deux sanglantes journées, l'ennemi ne fit plus de tentatives aussi sérieuses pendant la durée de l'hiver, mais il fallut lutter contre les intempéries d'une saison exceptionnelle; et cependant les travaux du siège se poursuivirent avec une persévérante activité.

Les indécisions de lord Raglan, la lenteur des Anglais, entravèrent souvent les projets du général Canrobert, qui avait l'intention de compléter l'investissement en combinant une action extérieure avec celle du siège : il s'agissait de couper les communications de l'armée russe et de l'envelopper afin de faire tomber en même temps la partie nord et la partie sud de la ville.

Ce plan si rationnel échoua devant la force d'inertie opposée par lord Raglan; et le général en chef de l'armée française, afin d'éviter un regrettable conflit, crut devoir quitter son commandement pour le remettre à son successeur désigné par l'empereur.

Cet acte d'un si noble désintéressement fut tout à l'honneur du général Canrobert, qui, sans tenir compte de sa haute personnalité, se sacrifia généreusement.

Ce plan d'investissement avait déjà été conçu par le maréchal de Saint-Arnaud après la bataille de l'Alma, puisque par la marche de flanc que nous fîmes en contournant Sébastopol au nord, l'investissement était indiqué; mais il eût été téméraire et imprudent de la tenter ainsi, — nous nous éloignions de la mer, notre seule base d'opération et de nos ravitaillements.

L'armée, composée seulement de quatre divisions et du corps anglais sans cavalerie, était trop faible pour lutter avec succès contre une entreprise hardie des Russes enfermés à Sébastopol, faisant une vigoureuse sortie. En outre, leur flotte, à l'abri dans le port qu'ils n'avaient pas encore fermé, pouvait considérablement nous inquiéter, et nous marchions à la fois vers une lutte formidable sur terre et sur mer, sans espoir de renforts. C'était nous exposer à un irréparable désastre.

Cependant, ce qui paraissait impossible alors devenait faisable quand le général Canrobert le proposa à lord Raglan, et la création des trois armées dont l'empereur avait conçu le projet eût amené certainement une solution plus prompte que celle qui fut obtenue si péniblement en attaquant pied à pied les défenses formidables des Russes sur toute l'étendue de nos deux corps de siège.

*
* *

Lorsque le général Pélissier, en remplaçant le général Canrobert, eut adopté les idées de lord Raglan, l'expédition de Kertch fut décidée; — ce n'était qu'une demi-mesure, ce n'était plus le grand mouvement combiné comme l'avait préparé le général Canrobert, apportant un résultat complet.

Le mamelon Vert, Traktir, Malakoff, furent des combats mémorables, qui précipitèrent la chute de la partie sud de la ville, mais la partie nord demeurait toujours imprenable.

Ces batailles de géant prirent fin après la lutte incomparable de Malakoff, qui détruisit toutes les défenses des Russes vers le sud.

Nous dominions la partie nord, mais la ville n'était pas investie, et la lutte pouvait indéfiniment continuer jusqu'à l'épuisement complet des adversaires.

Il n'y eut plus ensuite, avant la signature de la paix, que des engagements de cavalerie vers Eupatoria, pour menacer la retraite des Russes : une expédition heureuse fit tomber en notre pouvoir la forteresse de Kinbourn, entre le Danube et le Dniéper.

*
* *

La guerre d'Orient a donné à la France une influence morale considérable en Europe. On lui a reproché de n'avoir pas été une guerre stratégique.

Elle n'a pas produit de grandes combinaisons stratégiques pendant la durée du siège, parce qu'elles ont avorté devant l'opposition du général en chef de l'armée anglaise ; mais de vastes conceptions pour amener un résultat plus prompt furent préparées par le général Canrobert, et jusqu'au moment où le général résilia son commandement afin d'éviter un conflit, il y eut de savantes dispositions dans tous les engagements que nous eûmes avec l'armée russe.

Le plus grand reproche qu'on puisse adresser à la guerre d'Orient, c'est de n'avoir pas eu, pour diriger cette grande œuvre, un généralissime commandant en chef, ayant une autorité bien reconnue sur les chefs des deux armées alliées; mais ce qui devint encore pire, ce fut l'alliance de deux armées braves, mais de caractère très différent, obligées de combattre côte à côte pour concourir au même but.

*
* *

Quant aux combinaisons stratégiques, c'est une erreur de ne pas les admettre au moins pendant les premières périodes de cette poignante lutte : on trouverait des enseignements précieux dans ce grand drame historique qui a tant préoccupé pendant plus d'une année.

Et si on veut bien se pénétrer des difficultés inouïes qu'il a fallu surmonter, on conviendra que, pour vaincre, les généraux surtout ont dû déployer une volonté inébranlable et une bien réelle valeur.

Les maréchaux de Saint-Arnaud, Canrobert, Pélissier, Bosquet, Mac-Mahon, les généraux Bourbaki, de Lourmel, de Mayran, Rivet et tant d'autres, qui ont acquis pendant la guerre d'Orient une réputation si loyalement méritée, furent des hommes de guerre dont un pays s'honore et auxquels l'histoire impartiale rendra un jour pleine et entière justice. Beaucoup d'entre eux succombèrent en combattant.

*
* *

On a prétendu que cette guerre n'avait été seulement qu'une bataille de soldats dans laquelle les généraux se faisaient tuer bravement.

C'est traiter bien imparfaitement une question aussi émouvante. Ne peut-on pas appeler des opérations stratégiques ces mouvements qu'avait combinés le maréchal de Saint-Arnaud, avec les quatre divisions dont il disposait en Turquie, pour s'opposer à la marche des Russes solidement appuyés au Danube? — il fut arrêté par le choléra, qui obligea cette armée, si désireuse de combattre, à une inaction forcée, — quand survint cet incendie de Varna qui pouvait en une seule nuit anéantir toutes nos ressources.

N'était-ce pas de la stratégie, cette audacieuse pensée presque téméraire du maréchal de Saint-Arnaud, de venir porter la guerre en Crimée avec une armée à peine convalescente, à la suite des pernicieuses épreuves qu'elle avait subies?

N'était-ce pas une combinaison stratégique, ce débarquement en Crimée et cette bataille de l'Alma, dans un pays inconnu sur lequel on n'avait pas plus de renseignements que sur la force et l'emplacement de l'armée russe?

Ne fallait-il pas de la stratégie pour préparer le plan de cette mémorable lutte et le modifier sur place à cause de la lenteur des Anglais?

Cette marche hasardeuse sur Sébastopol, quand on devait prévoir les obstacles qui pouvaient surgir chaque jour; ce mouvement hardi pour venir retrouver un port en contournant une place de guerre formidable, n'étaient-ils pas d'une fière audace?

Nous fûmes plus de deux jours éloignés de la mer, notre base d'opération et de nos ravitaillements.

Puis, quand nous arrivâmes devant Sébastopol, installés sur le plateau de Kersonèse, ne fallait-il pas une grande présence d'esprit et beaucoup d'à-propos pour lutter à Balaklava, ensuite à Inkermann, bataille qui dura sept heures, tout en sauvegardant nos attaques de gauche?

Ne fallait-il pas une surveillance constante, une activité surprenante et une parfaite précision de vue, pour savoir où se ferait la véritable attaque dans ces tentatives continuelles des Russes, cherchant à nous faire quitter nos tranchées, à nous éloigner de la mer pour nous enfermer sur le plateau de Kersonèse où toute l'armée pouvait être bloquée?

N'était-il pas aussi de la haute stratégie, cet ordre de l'empereur qui voulait créer trois armées opérant simultanément, l'une pour attaquer Sébastopol, l'autre comme armée d'observation, la troisième pour prendre la campagne à l'intérieur et couper la ligne d'opération des Russes en les privant de leurs approvisionnements et de leurs ravitaillements?

Ce plan parfaitement combiné ayant échoué par suite du refus de lord Raglan, fut la cause regrettable de la remise du commandement du général Canrobert.

A l'assaut de Malakoff, qui devint un émouvant corps-à-corps, il y eut pour le préparer une indomptable persévérance; on ne parvint à attaquer et à enlever cet important ouvrage, clef de la défense, but de tous nos travaux, qu'en exécutant les belles attaques des ouvrages blancs et du mamelon Vert, si habilement dirigées par le général Bosquet. Et tandis qu'au centre les Anglais prenaient pour objectif la position importante du cimetière, aux attaques de gauche, le général de Salles dirigeait ses efforts sur le bastion du Mât.

A Malakoff il y eut réellement une grande lutte de soldats; mais cette lutte était la conséquence des dispositions prises par le général Bosquet avec une précision qui devait assurer le succès.

* * *

Oui certes, Sébastopol a été une belle et glorieuse victoire de grands soldats, comme aussi l'Alma et Inkermann; ces hommes réussissaient parce qu'ils étaient pénétrés de cette vérité incontestable, que « la force morale domine la force physique ».

Le maréchal de Saint-Arnaud succombant après avoir eu l'admirable volonté de conduire l'armée sous les murs de Sébastopol, en donnait un bien imposant exemple.

C'est avec des troupes épuisées par le choléra qu'il gagna la bataille de l'Alma aussitôt après le débarquement en Crimée. Et quand il réunit ses généraux pour leur donner ses dernières instructions, il leur dit : « Je n'ai rien à ajouter, j'ai confiance en vous, vous marcherez en avant. »

*
* *

Ces formidables luttes, dans lesquelles le moral domine le physique, prouvent clairement la supériorité qu'il exerce et démontrent qu'il est réellement la base de la « solidarité humaine ».

La guerre possède à la fois un caractère brutal, émouvant et grandiose; c'est vers cet idéal que doit être dirigée l'éducation morale du soldat.

Dans l'armée, la vraie solidarité existe sur le champ de bataille : quand le général, les officiers ou les médecins militaires prodiguent tout ce qu'ils possèdent de meilleur à l'âme en intelligence, en volonté, en force morale pour conjurer le péril ou lutter contre le mal; et toujours exposés au danger, ils donnent encore un vaillant exemple en bravant la mort, se faisant tuer côte à côte avec le soldat quand il le faut.

Dans cette suprême entente, le chef engage toute sa responsabilité en sacrifiant avec ses inférieurs ce qu'ils ont tous de plus précieux ici-bas : la vie.

Ne peut-on pas aussi leur assimiler la sœur de charité et l'aumônier?

L'une se dévoue avec une piété sublime pour apporter des soulagements aux souffrances, adoucir les douloureuses angoisses des blessés ou des agonisants.

L'autre s'impose la mission sacrée de porter avec une conviction profonde des paroles de foi et de consolation à des héros ou à des soldats martyrs expirant loin de la mère patrie[1].

Ces saintes femmes, ces fervents apôtres, ces généraux, ces officiers, ces médecins, tous ces soldats du devoir, ne sont-ils pas obligés, malgré leur origine, malgré la supériorité du grade, de donner les mêmes preuves d'abnégation d'eux-mêmes, d'indifférence devant la mort?

Dans l'armée, la loi militaire est sévère pour tous;

---

1. Puisque je suis amené à parler de la solidarité humaine qui existe bien réellement dans l'armée, où chacun en y entrant a conscience du sacrifice qu'il fait à son pays, je dirai aussi en quelques mots comment je la comprends dans la classe laborieuse.

La principale solidarité est celle qui doit exister entre l'ouvrier et le patron; l'un et l'autre ont des obligations réciproques.

Si l'ouvrier laborieux concourt par un travail assidu à la réussite des entreprises de l'industriel, ce dernier doit aussi se préoccuper du sort de ses auxiliaires indispensables.

Il est surtout essentiel d'assurer au travailleur atteint par l'âge ou les infirmités, des moyens d'existence, en créant des caisses de retraite ou de secours.

Ces caisses seraient alimentées par des versements faits par les intéressés, et aussi à l'aide d'un tant pour cent pris sur les revenus du patron s'ils excédaient un taux fixé en rapport avec l'entreprise.

Dans chaque industrie on établirait un conseil d'administration pour régler les comptes de chacun. L'ouvrier qui refuserait de verser ou qui cesserait de remettre sa cotisation perdrait tous ses droits.

Cette question est trop importante pour la traiter aussi succinctement. Cependant je trouve indispensable d'en parler après avoir établi que la véritable solidarité humaine existe dans l'armée; — quand on a vu le soldat, sortant du peuple, brave à l'excès, dévoué à ses chefs, discipliné, se soumettre gaiement à toutes les exigences qu'imposent les circonstances, on a pour lui beaucoup de sympathie, et on conclut que si parfois il prend la mauvaise voie en rentrant dans ses foyers, cela provient de pernicieux conseils qu'il accepte avec trop de confiance, sous l'influence d'un entraînement passager.

elle condamne aussi impitoyablement l'officier coupable que le simple soldat.

Chez elle on n'exige pas de compromis avec la conscience, mais on demande à tous le sacrifice de la vie!

Toutes ces tendances proviennent de sentiments élevés; on trouve toujours dans ses rangs la plus loyale fierté.

C'est sur le sacrifice que repose la solidarité humaine; sans lui, la solidarité réelle ne pourrait pas exister.

* * *

La guerre d'Orient, oubliée momentanément devant les formidables événements qui se sont produits depuis, ne peut pas être effacée de notre histoire militaire; elle a engendré de trop nobles courages, de trop grands mérites, pour qu'ils ne soient pas perpétués.

En approfondissant tous les détails, on y trouve de précieux enseignements, et il en résulte une très haute estime pour des soldats qui ont combattu si intrépidement au milieu de difficultés innombrables, de même que pour les Russes, qui, sans haine, mais par dévouement à leur tsar, luttèrent avec une inébranlable énergie afin de déjouer pendant plus d'une année toutes les plus habiles combinaisons.

*
* *

En terminant, je tiens à rendre un hommage bien sincère de ma respectueuse reconnaissance à la mémoire de deux chefs pour lesquels j'avais une profonde admiration et un véritable culte : les généraux Canrobert et Bosquet, nommés tous deux maréchaux de France à quarante-six ans, peu après la prise de Sébastopol.

Ces deux hommes éminents m'ont toujours témoigné d'affectueuses sympathies, qui resteront pour moi inoubliables.

On a prétendu que le général Canrobert, pendant son commandement en Crimée, avait manqué d'initiative, et que par son indécision il avait retardé la prise de Sébastopol.

Cette critique injuste sera réfutée par tous les généraux, officiers et soldats de Crimée qui ont apprécié ce grand caractère sans cesse aux prises avec des difficultés qu'un chef indécis eût trouvées insurmontables.

En relisant le récit de la bataille d'Inkermann, lutte acharnée pendant sept heures, on peut s'assurer avec quelle sûreté de vue, avec quelle justesse d'appréciation, les généraux Canrobert et Bosquet se sont rendu compte de la tournure que prendrait la bataille.

Le général Canrobert avait aussi à se préoccuper des attaques de gauche envahies par les Russes. Toute l'armée décerna au général Bosquet, avec un accord unanime, le titre de héros d'Inkermann, et tous deux surent déjouer les savantes combinaisons hardiment exécutées par les généraux russes.

La blessure du général Bosquet à Malakoff causa partout une douloureuse consternation. Pendant l'armistice, un officier russe me dit : « Votre général est bien fort; ce serait un grand malheur si vous le perdiez. »

Cet éminent homme de guerre mourut à quarante-huit ans, à la suite d'une cruelle maladie qui survint après sa blessure à Malakoff, et pendant ses dernières années, désolé, attristé jusqu'au fond de l'âme, il eut la douleur ne ne plus pouvoir servir sa patrie.

Canrobert mourut à quatre-vingt-trois ans, le doyen des maréchaux de France. Saint-Privat, où il fit l'admiration de l'armée allemande, fut son dernier fait d'armes éclatant, et il est regrettable qu'il n'ait pas eu alors le commandement en chef de l'armée de Metz : nous n'aurions pas eu une fin aussi lamentable.

*
* *

Quel que soit le jugement de la postérité sur le siège de Sébastopol, elle sera toujours forcée de reconnaître cette indomptable fermeté des armées opposées, et ce feu sacré de la lutte qui lança, le dernier jour comme le premier, nos colonnes d'attaque contre des obstacles formidables, qu'augmentait constamment un adversaire aussi infatigable que chevaleresque.

# TABLE DES MATIÈRES



## PREMIÈRE PÉRIODE

### LES CAUSES DE LA GUERRE D'ORIENT
### DÉBARQUEMENT ET OPÉRATIONS EN TURQUIE

## DEUXIÈME PÉRIODE

### EXPÉDITION DE CRIMÉE DÉCIDÉE
### DÉBARQUEMENT A OLDFORT, BATAILLE DE L'ALMA
### MARCHE SUR SÉBASTOPOL



## TROISIÈME PÉRIODE

### ÉTABLISSEMENT DES ARMÉES ALLIÉES DEVANT SÉBASTOPOL
### BATAILLE DE BALAKLAVA, BATAILLE D'INKERMANN

## QUATRIÈME PÉRIODE

### CONTINUATION DES TRAVAUX DE SIÈGE CONTRARIÉS PAR LES RIGUEURS DE L'HIVER MAMELON VERT, TRAKTIR, MALAKOFF PRISE DE SÉBASTOPOL



SOCIÉTÉ ANONYME D'IMPRIMERIE DE VILLEFRANCHE-DE-ROUERGUE
JULES BARDOUX, DIRECTEUR

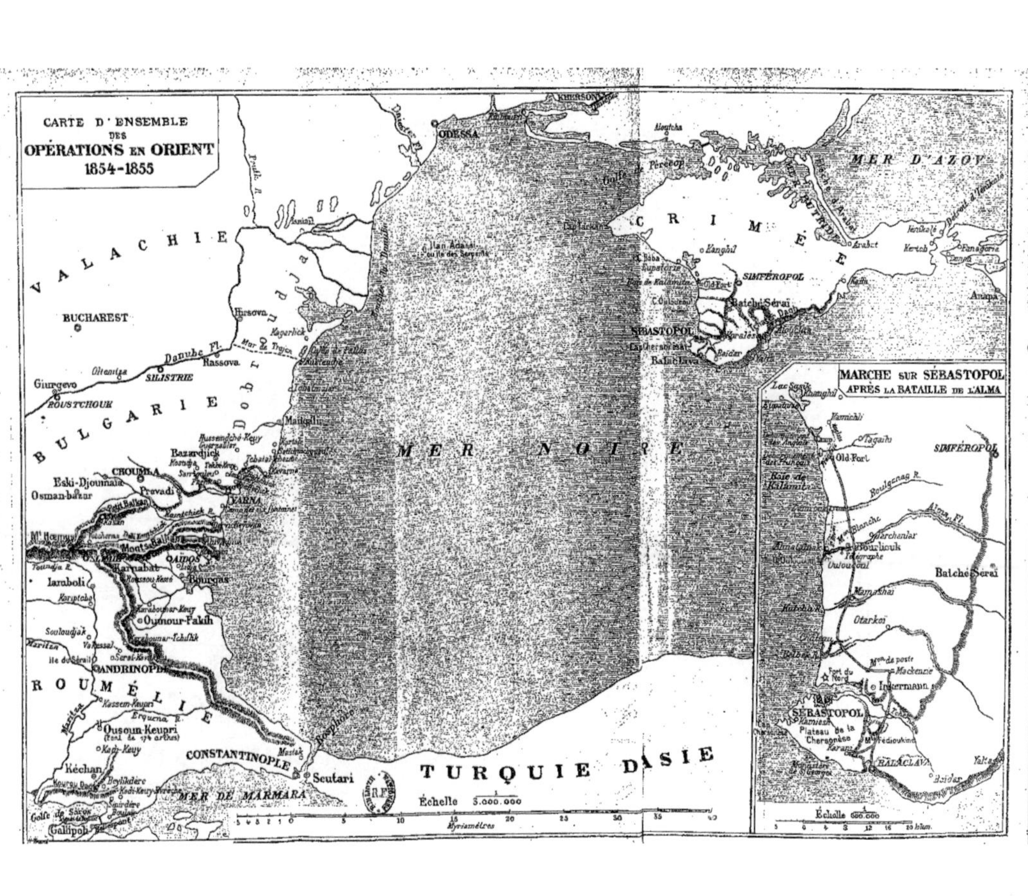

CARTE D'ENSEMBLE
DES
OPÉRATIONS EN ORIENT
1854-1855
VALACHIE
BUCHAREST
Danube Fl.
Rassova
SILISTRIE
Giurgevo
ROUSTCHOUK
BULGARIE
Hirsovn
Bazardjick
CROUMLA
Eski-Djoumaia
Osman-bazar
Pravadi
VARNA
Iaruboli
Oumour-Fakih
ANDRINOPLE
ROUMÉLIE
Ousoun-Keupri
Kéchan
Gallipoli
CONSTANTINOPLE
Scutari
MER DE MARMARA
TURQUIE D'ASIE
MER NOIRE
ODESSA
KHERSON
CRIMÉE
MER D'AZOV
SIMFÉROPOL
SÉBASTOPOL
Batché-Serai
Balaclava
Kertch
Anapa
Échelle 1/3.000.000
Myriamètres
MARCHE SUR SÉBASTOPOL
APRÈS LA BATAILLE DE L'ALMA
SIMFÉROPOL
Old-Fort
Baie de Kalamita
Boulganag R.
Alma Fl.
Batché-Seraï
Otarkoï
Mackenzie
Inkermann
SÉBASTOPOL
Plateau de la Chersonèse
BALACLAVA
Yalta
Baïdar
Échelle 1/600.000

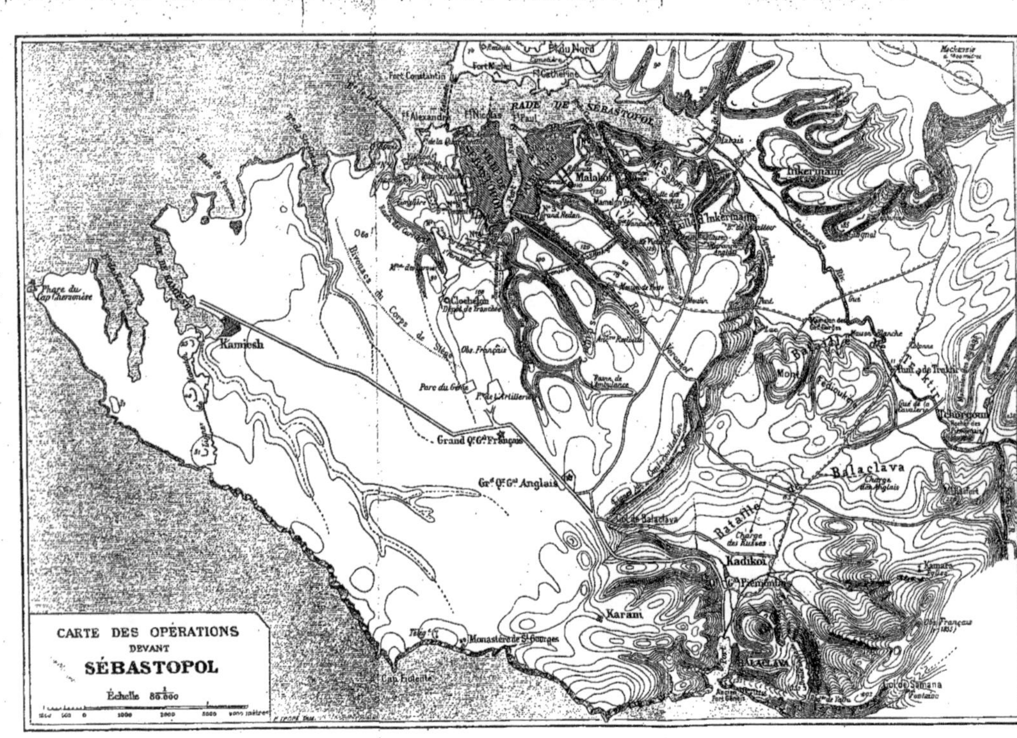

CARTE DES OPÉRATIONS
DEVANT
SÉBASTOPOL
Échelle 1/80.000
Fort Constantin
Fort Michel
Ft du Nord
Ft Catherine
Ft Alexandre
Ft Nicolas
Ft Paul
RADE DE SÉBASTOPOL
Malakof
Inkermann
Kamiesh
Phare du Cap Chersonèse
Clocheton
Obs. Français
Parc du Génie
Grand Qr Gl Français
Grd Qr Gl Anglais
Balaclava
Charge des Anglais
Bataille
Charge des Russes
Kadikoi
Karam
Monastère de St Georges
Cap Fiolente
Col de Balaclava
Tchorgoum
Kamara

www.ingramcontent.com/pod-product-compliance
Ingram Content Group UK Ltd.
Pitfield, Milton Keynes, MK11 3LW, UK
UKHW022010170726
13837UKWH00001B/91

9 782019 970796